婆媳學問大

黃越綏解答世代婆媳問題

黃越綏——著

自序

去年當臺灣商務印書館的董事長王春申兄親自出面邀請我寫新書時，一則是不敢當，二則實在有些為難。

因為除了無法馬上卸下近三十年來為服務弱勢單親、未婚媽媽及失依無家可歸的兒童少女安置中心的社會重責外，其實我最渴望的就是能趕快實質的退休，且享受無所事事而隨心頹廢的生活，其中就包括了從此封筆在內。

尤其令我訝異的是要我寫的新書主題，竟然仍是老掉牙的婆媳關係，偏偏關於這類題材的書我已經出版了好幾本，所以真的有點擔心萬一將來滯銷的話，豈不愧對出版社的美意。

自古以來婆媳的人際關係，似乎是婚姻家庭生活中最無解、卻又不能不解的難題與挑戰。

舊時代的婆媳關係在男尊女卑的傳統觀念下，大家庭的媳婦似乎唯有遵從委曲求全及媳婦熬成婆的準則下，才得善終，可是到了新世紀女權至上的今天，即使在網路上紛紛出現了反傳統和不屑妥協，且頻頻對婆婆靠北（哭父）嗆聲的媳婦們，卻也同樣改變不了若不小心處理婆媳關係，可能會因小不忍則亂大謀地，陷在賠了夫人又折兵的是非漩渦中無法自拔，進而影響到婚姻的本質。

利用今年春節出國期間，抱病中遵照出版社給我列出的大綱，而終於完成了使命。媳婦主動表示希望也能透過此書發表一些她的感想，當她寫完後問我要不要過目給予指點，我告訴她，若我先看了或做了修改，豈不失真和太矯情了？

除了要特別感激好朋友們（女王、呂秋遠、苦苓、崔佩儀、鄧惠文、賴芳玉）（按姓氏筆劃排列）願意為此書給予推薦外，更要感謝支持並購書的您，希望我主觀的看法供您客觀的參考且得以受益為禱！

序

給媽媽的一封信

親愛的媽媽：

知道媽媽要再度寫一本有關婆媳的書，不禁讓我回想這五年來媽媽與我之間的相處，想到我們之間的種種我只能用「感動及感謝」來表達我的感受。

最令我感動的是，當我們談戀愛並計劃結婚時，其實我的內心是忐忑不安的，擔心媽媽是否會接受出生在一般家庭的我？但我永遠記得當先生告訴我，他提出要與我結婚時，媽媽是二話不說馬上同意的，我不禁流下感動的眼淚。

第二個感動是媽媽完全百分之百接納我；不只是完全接納，甚至還告訴先生的兩個妹妹，要 welcome 我進入這個家庭，雖然她們人在國外，我們不常見面，但因網路的發達，她們常常會透過 App 傳訊息給我，關心我，甚至她們還跟先生說不能欺負我。報章雜誌常說的「姑嫂問題」在我身上卻完全沒有發生，這都要感謝媽媽。

第三個感動是：有句話「惜花連盆」（臺灣話），媽媽因為愛兒子，無條件接受我及愛我。因為愛我，出門看到我愛吃的，一定會幫我帶一份。甚至有一次由於我事情沒注意好，媽媽生氣了，但剛好外出看到賣臭豆腐，想說我愛吃，竟然忘記還在生氣的事，馬上打電話給我，問我要不要吃，當時的我超級感動。另外，媽媽也因為愛我，有看到好的東西，會連帶想到我的弟弟及妹妹，有適合他們的，一定會準備一份送給他們。甚至當媽媽在國外有看到適合我娘家媽媽的衣服，也會當場買下來，回臺後特地送給她。

第四個感動：在結婚後，雖然我們一直說要跟媽媽同住，但媽媽體諒到我們都是四十歲過後才找到彼此，相處時間比別人少了二十年，尤其才剛新婚，希望讓我們多多相處及獨處，因此堅持與我們分開住，只讓我們住得近，週末假日才回去同住，我相信這是少數婆婆才做得到的事。

第五個感動：「過生日」。在五十至七十年代臺灣家庭長大的小孩，父母很少會幫小孩過生日，能讓小孩吃飽穿暖就很好了。我的原生家庭也是如此，我出生到現在，唯一印象比較特別的生日是我父母請我國小球隊的同學到家裡幫我慶生，至於其他的生日，我只記得父母會幫我買個蛋糕唱生日快樂歌外，也就沒有什麼特別的。也因在這樣環境長大，我也就不特別注重生日。但從我當媽媽的媳婦到現在，媽媽每一年都會送我生日禮物，而且在今年，還送我一個難忘的生日禮物。媽媽知道我們談戀愛、結婚到現在只去過一次碧瑤（菲律賓總統避暑勝地），而且知道我還滿喜歡這個地方，所以在今年我生日時，媽媽特別安排全家還有在菲律賓最好的朋友一起到碧瑤幫我過生日。當年我們去時還是坐巴士，搖搖晃晃的上山，而這次媽媽特別租車、安排專業的司機開車上山，完全不用跟大家擠巴士。這是我出生到現在最棒的生日禮物，我超級感動，媽媽真的是世界上最好的婆婆了！

除了感動外，我還要感謝媽媽，在婆媳之間最常見的一個爭執點就是「孩子教養問題」，我兒子因是獨生子，比較「鴨霸」，常會用「哭」企圖來達到他的目的，而我為了不想讓他哭或是怕吵到別人而妥協。當他還小不懂用說來表達時，這麼做還可以，但現在比較大了，懂得用言語表達時，這種安撫就不好了。媽媽發現這樣做不對時，馬上教導我如何糾正他的行為，跟我說：「就讓他哭，當他知道哭無法達到他的目的時，他就會停止了，小孩只要不要哭到『墜腸』，就讓他哭沒關係，哭也是一種運動。」如果是一般做阿嬤的，早就因疼愛孫子而妥協，有的阿嬤甚至愛孫到溺愛的程度，會反過來罵媳婦為什麼讓孫子哭。但媽媽卻是一個與一般人完全不同的阿嬤，常常告訴我：「我們要疼孩子，讓他在有愛的環境下長大，但不要寵孩子。」同時媽媽還用行動來告訴我如何「疼孩子卻不寵孩子」。

第二個感謝：我是一個平凡小康家庭長大的小孩，雖然還不到自私自利，但的確是個明哲保身的人。我從小到大不懂得關照別人，也不會設身處地替別人著想。但媽媽總是以身作則的示範給我看，讓我瞭解要如何多關照別人。例如：記得媽媽正在寫這本書時，寫到清晨才睡，媽媽還特地留字條要我不要等您吃早餐。而當天一早有工人臨時來修門，聲音過大而吵到媽媽（當時的房門為了通風而開著）。若我懂得關照，在工人來時就應該幫媽媽把冷氣打開，關上房門，媽媽就能好好睡覺，雖然修門很吵但隔著房門至少不會吵醒媽媽；這是媽媽事後跟我說，我才知道這就是關照。另外，媽媽也常常跟我說「花要插頭前」（臺灣話），當我們要關心別人或送別人東西時要提早送，不要等到最後一刻甚至時間已經過去了才說或送。

第三個感謝是：一般人都認為婆媳之間相處很難不可能沒有問題，但我很感謝上帝讓我遇到一個開明的婆婆，讓我完全沒有婆媳的問題。像有些家庭的婆婆有事不說，媳婦做錯了不說，明明不喜歡卻不拒絕；表面上對媳婦和和氣氣，什麼都好，但私底下卻對朋友抱怨連連；甚至還會在兒子耳邊說些媳婦的不好，導致兒子跟媳婦吵架。而我們卻完全不同，因為我們有話直說，不喜歡可以直說，雖然拒絕的當時尷尬，但卻可以互相瞭解雙方的喜惡，而容易相處，不會產生婆媳問題。

第四個感謝是：媽媽是我的再造父母及恩人，在我心中媽媽是無所不能的。從我們結婚到現在，媽媽不厭其煩地教導我，小到冰箱廚房的管理、衣服配色，大到年節送禮規劃、如何辦理 party，媽媽總是不斷鼓勵我要一直學習。同時不斷提醒我在小孩開始念書後，一定要有一份工作或事業。不要只當個平凡的家庭主婦，要一直不斷的學習，夫妻才能一起成長，走得長長久久。記得有一次，我們要從馬尼拉回臺灣，要離開前拍了張兒子興奮開心的照片給大家報平安。回臺後，媽媽馬上提醒我，衣服的配色不要超過三個顏色，這樣會讓人覺得很「聳」（臺灣話），從此我在幫兒子或我自己配衣服時，都會想起媽媽說的話：不要超過三個顏色。

第五個感謝是：我的廚藝不好，但因廚房容不下兩個女人，當我掌廚時，媽媽從不會說做得不好，還會在用餐完後，跟我說謝謝辛苦了！若有覺得好吃的菜，媽媽會直接鼓勵我，跟我說好吃，甚至會告訴我剩菜如何處理、如何把剩菜變化成新的菜色。也會告訴我，一樣菜要做得讓人想吃，不只味道要好，看起來也要好吃，所以配色很重要，一樣菜至少要有三種顏色，才會吸引人。謝謝媽媽的鼓勵，讓我這五年來廚藝進步許多。

很多感謝及感動訴說不完，而這些感動及感謝一直放在我的心裡，沒有機會跟媽媽說，正逢媽媽要再次出版有關婆媳的書，這是媽媽有了媳婦後再次寫有關婆媳問題的新書，特地利用這個機會透過這封信，向媽媽表達我內心無比的感謝！謝謝媽媽！媽媽是世界上最好的婆婆！！！祝新書大賣！I love you very very much!!!

媳婦敬上

目次

第2篇

婆媳之間，談錢傷感情？——101

第1篇

進一家門，是一家人嗎？

怎麼對待兒子的女朋友？

兒子長大了，到了交女友或結婚的適婚年齡，但做人父母的你仍然不想放手嗎？總是找藉口說你不尬意兒子的女友，或對方條件太差嗎？

很多父母親對於子女從青春期開始的交友問題，一直到成年以後的社交情形，除了牽掛和在意外，通常會處在既不放心卻又不能不試著企圖說服自己，要學習信任和放手的智慧。

但偏偏卻又不是由衷地樂見其成，於是在五味雜陳和自相矛盾的悶境中，變得神經兮兮，反而無法正視兒女初長成、到了適婚年齡時的社交議題。

姑且不論結交男女朋友的動機是基於好奇、新鮮感還是荷爾蒙作祟，當孩子們的成長到達開始會對異性感興趣的年紀時，並且想要嘗試或展開結交的行動，為人父母者首先要覺得慶幸和欣慰，至少這表示辛苦養育的兒女都有著健康的身心和正常的人格發展。

接下來，為人父母者可能就是要找機會，開始從旁觀察子女和其交往對象的進展程度，以及彼此在情感上投入的深度。

對於青少年的男女朋友關係而言，長輩們總是揶揄青澀年華的戀情像是春天下面的兩條蟲，近乎蠢蠢的愛是既天真又單純。依據生活的經驗法則發現，很少初戀者就是自己最終的結婚對象，但到底是人生愛情的初體驗，它將會變成是很多人生命中最難忘的經驗和藏在心底的回憶。

但成年人的男女關係則又另當別論了，除了愛情的元素外，還摻雜了許多社會的人情世故和個人無法掌握的變動因素，尤其到了適婚年齡，礙於尋偶條件，往往更加徬徨，現實與責任的考量遠勝過不切實際的浪漫幻想；同時因為年齡比較成熟，也比較能夠體會婚禮只是一天光景，而婚姻則是要過一輩子的人生哲理。

學習不做纏人的長輩

不論是兒女初長成還是已屆適婚年齡，父母親均可在適當時機與子女們共同分享男女關係中的交往過程、態度和想法，唯有在完全的信任之下，才能讓孩子卸下輩分以及權威的防衛系統，而願意敞開心房，把真情流露出來。

家長們在探索這個問題時，若採用狐疑猜忌的方式，子女們會覺得即使在家裡也有被偷窺的危險，而選擇比較安全的在外行動；若用權威的方式質問，則會讓子女產生被壓迫的恐懼感，而寧可採取偷偷摸摸的方式來進行戀愛，也不敢據實以告。至於過分誇張或太興奮的態度，也會令孩子們打冷顫，總覺得多一事不如少一事，不想再給自己找麻煩，否則一旦被熱情的父母親盯上，恐怕放手或脫身都很難。而一般最不希望的是遇到愁眉苦臉的父母親，彷彿天要塌下來那樣苦惱不已，更深怕外力的介入會因此失去兒女，而不知所措，導致兒女們只敢報喜而不能報憂。

因此在面對兒子交了女朋友的情況下，為人父母者不妨用帶著幾分驚喜的口吻，又關心和愛護地告訴他，例如：「哇，兒子你居然長大了還交了女朋友，怎麼樣？哪一天願意介紹給我們認識？」

同樣的問話卻可能有各種不同的回應，但不論面對什麼樣的答覆，為人父母都要切記身教重於言教的影響力，務必要保持君子風度，千萬別因為不滿意兒子正在追求的對象，她的條件完全出乎你的意料，就當場斥責他們，並表現出強烈的反彈行為。

因為你接近並關心的目的是為了要進一步瞭解兒女的交友狀況，所以必須先釋出善意。**如果父母親能夠先放下權威的身段，把兒女當作朋友來交流，而且不要像警察辦案似的，不放過每一個細節的交代，更不要貿然批評和妄下斷言，或完全摒除聆聽的機會**；總之，盡可能要以平常心來看待，否則一旦處理不當或溝通不良，結果就是從此被迫吃閉門羹。

我曾經輔導過兩個全然不同的案例，兩個案例都是面對兒子的女朋友，也就是未來兒媳婦的態度。

志雄的妻子和他早年守寡的媽媽

俗話說，當孤兒寡母的媳婦最難為，志雄（化名）的母親早年就守寡，再加上祖母對他母親的態度極其苛薄，婆媳關係不但緊張，甚至用苦不堪言來形容也不為過，志雄經常看到母親躲在房間裡偷偷拭淚。母親每次都要交代他千萬別說出去，長大後他更常聽到他的母親總會用「己所不欲，勿施於人」的成語來自勉，而且不止一次告訴他：將來如果娶媳婦，為母者一定會善待他的妻子。

但事實並非如此，志雄結婚後，母親對志雄妻子的態度跟他下意識裡的認知完全不同，可惜這一切都已經太晚了，因為志雄記得他在婚前向妻子保證：自己的媽媽一定會好好待她，對方才願意答應結婚的。所以志雄婚後總是戰戰兢兢，盡力排解母親和妻子之間的難題，深怕妻子受了莫名的委屈，可是出乎意料之外，志雄竟然看不到妻子暗自感傷或偷偷啜泣的鏡頭，偶而忍不住怕妻子受了委屈，就會私下討好地問她說：「妳要不要緊啊？」妻子總是沒好氣或不耐煩地回應他：「哎呀，你就別管我們女人的事了。」

志雄經常會因為害怕而幻想有那麼一天，他早上醒來或是他下班回家，突然看到母親和他的妻子分別站在家門口，手上各拎著皮箱而悻悻然地追問志雄：「你到底要選哪一個？」

可是說也奇怪，他的憂慮竟然一直沒有發生，他反而發覺到，母親和妻子彼此間的關係似乎越來越好。針對這一點，志雄既納悶也摸不出頭緒，反正對於婚後的居家男而言，只要婆媳間能一日無事就勝過小神仙。

婚後第八年，志雄的母親在七十歲的生日派對上突然宣布她即將要搬到養老院去住，而且已經辦好手續，也下了訂金，簡直嚇壞了志雄夫妻倆，尤其是志雄。聽到這個消息，他連忙雙腳一跪，焦急地問：「媽，我們哪裡做不好，教訓我們就是了，為什麼要搬去養老院？我可是妳的獨生子呀，妳這麼做豈不是陷我於不仁不義加不孝嗎？」志雄的妻子在一旁看情況不對，也趕緊跪下，跟婆婆哀求並流下淚：「媽，我知道是我做得不夠好讓妳失望了，可是妳不可以就這樣離開我們，我一定會再加油的！請再給我機會好嗎？我們不能夠沒有妳啊！」

妻子的告白令志雄當下傻了眼，心想：我媽要離開妳，妳不是正中下懷嗎？幹嘛還要貓哭耗子假惺惺，真搞不懂妳這個女人到底是在演哪一齣戲？

只見老太太面帶笑容，彎下身子，同時伸出左右手，分別把兒子和媳婦拉起來坐好。

然後她用著很平靜的口氣，像在說書般娓娓道來：

「古人為什麼會說富不過三代？因為窮困的祖先為了一家溫飽而勤儉持家，並且努力置產，到了父執輩的時候，為了能青出於藍而勝於藍，於是加倍開拓事業的版圖，可惜到了子孫輩就養尊處優，而且總是在不勞而獲的情況下，把揮霍的陋習當成是正常的生活，所以才難逃富不過三代的宿命。

志雄，這些年來，我想你私下對我的態度一定相當不滿意，認為我既然已是媳婦熬成婆了，就應該記得對你的承諾，要好好對待媳婦才是，怎麼老是擺個面孔，而且不停說教，你一定常替你老婆叫屈是不是？」志雄慚愧地低頭默認了。

這時候一旁的妻子突然插嘴，對著志雄說：「其實你根本不知道，還記得婚前交往時我不是曾經幾度提分手嗎？若不是媽三番兩次出面，我想我們是結不成婚的。」

志雄大吃一驚，妻子接著說：「當時媽來找我，並問我對你是否是真愛。如果是真愛，就能夠經得起各種風浪考驗，其中還包括了我們的婆媳關係，可是我因為考量到咱們門不當戶不對，我又是來自弱勢的單親家庭，怕承受不了嫁進豪門的壓力，所以決定長痛不如短痛，而提出分手，當時媽就跟我說：『門檻不重要，跨進跨出能自在又自信才重要。』而且她保證一定會待我如己出，媽媽也都真的做到了，你只看到媽媽平時嚴肅的態度，卻不知道那是因為我從小就沒了父母親，隔代教養對我而言總是缺憾，更不懂得做人和做事的進退與分寸，於是我再三懇求媽媽一定要不吝指教才行。婚後媽的確用心良苦，每天都在栽培我，導致我所有的親朋好友都很驚訝我的成長與改變。」志雄的妻子敘述完後，抱著婆婆泣不成聲。

其實志雄的母親並非因兒媳的問題要離家出走，而是她老人家想要履行她和三位同年好友年輕時的承諾；她們其中有兩位是單親，而另兩位是單身，大家約好了要趁健康不差、體力尚佳，一起住進養老院，四個人剛好湊成一桌麻將，好好聊前塵往事，聊到彼此呼吸停止。

志雄的母親告訴媳婦，她已經能夠很放心地把家庭和家業交由她來接棒了，她想善用餘年，一則與閨蜜們同溫舊夢，二則她已答應要在養老院擔任規劃音樂節目的總監，三則想給兒媳們一個沒有她拖累的自由空間。而她當初是如何看待這位未來的兒媳婦？以下是她的觀察心得：

一、她既然是兒子的摯愛，**為母者當本著愛屋及烏的心態**，除了慎重考慮，細心觀察外，同時也要**說服自己做到欣然接納**。

二、**她有獨立思考和判斷力**，既不虛榮又不貪圖富貴，具有新時代的女性特質，能夠承擔婚姻的責任和義務。

三、**她知情達理**，婚後願意融入夫家，並當作是自己另一段人生的跑道和學習過程。

四、**和諧的人際關係講究緣分**，而親密的人際關係更不例外，若不是前世修來的緣分，哪有機會同食一鍋飯？當然要珍惜。

在感情路上揹著親情十字架的世宗

世宗（化名）是個俗稱宅男的科技新貴，家中有四個兄弟姐妹，男生中他排行老二。因為大哥留學美國，學成後沒有返國，而且未獲父母同意就倉促和一名洋女人結婚，從此定居他鄉，也很少跟家人有聯繫，也許整件事件對於父母親的打擊很大，尤其是母親，因此便把娶媳和傳宗接代的責任完全轉移到他身上，造成他無比的困擾。

每次他好不容易鼓起勇氣，想要對女生展開追求的攻勢，八字都還沒有一撇，但只要稍微風吹草動，他的母親就會表現得比他更緊張，怕他會看錯對象，怕他輕易受騙，擔心他被對方牽著鼻子走，怕他像他大哥一樣不孝……完全是一朝被蛇咬，十年怕草繩的典型翻版。

總而言之，父母親對世宗的大哥完全信任和放任，結果竟然造成極大的失望，於是對世宗採取整天耳提面命、緊迫盯人的態度，只要奉命把正在交往的女性朋友帶回家裡時，對方就得接受像在法庭質詢般的身家調查，父母表面態度看似親切，其實是綿裡藏針，處處為難對方。

對世宗而言，他的心理很不平衡，也很難受，因為他覺得自己是無辜的受害者，而且莫名其妙地，必須為了他的大哥背叛親情，而扛下親情的十字架。

幾次戀情告吹了以後，他再也提不起興致，漸漸把自己的心給封鎖起來，甚至還罹患了憂鬱症，直到有一天，他接到大哥在網路上的一封留言，上面寫著：「你現在的心情就跟我當年一樣，別學我意氣用事，但也不用太在意爸媽的感受，好好做你自己吧，加油！」

一語驚醒夢中人，世宗終於認清了事實，然後改變了策略，他又開始與女性朋友交往，但都是在瞞著父母親的前提下，直到確定找到的對象是有結婚的意願，才正式帶回家介紹給父母認識。

即使兒子是家人，也千萬要有禮節和尊重

要怎麼對待兒子的女朋友？依我個人的看法：

一、兒子已成人了，要**尊重他有自由交友的權利**。

二、要相信兒子的擇友能力，不論是基於外貌協會（重視外表），還是志向相同或個性上的互補，總之要**重視其女朋友的存在價值和影響力**。

三、**禮不可廢**，適度的禮貌和溫暖是需要的，但不用太過刻意討好，或因不滿意而冷嘲熱諷，唯有客觀的態度才能做出中肯的剖析，否則一味被情緒帶著走，只會成事不足敗事有餘。

四、泡沫式的愛情總是瞬息萬變，但**有必要叮嚀兒子，諸如要有負責任的態度、注意安全的性措施**，不得隨便帶女友回家過夜，除非特殊情況，而且須經過家中長輩的同意，這些家規都是親子間互相尊重的重要原則。

五、**女朋友如果喜歡兒子的話，通常都會特別討好他的母親，因此可以透過這層關係慢慢去瞭解兒子女友的習性**，以及她的家庭背景；同樣的，也可以利用彼此的互動，把自己為人母親的性格和想法略透露給她，千萬別呷緊弄破碗。

六、**記住：買賣不成仁義在。**不論是兒子還是父母親，都要遵守盡可能好聚好散的人際關係。也許她不能成為妳的媳婦，但至少妳已結了善緣，能多認識一位年輕的女性朋友，也不是件壞事。

七、**若不幸兒子失戀被甩了，千萬莫在傷口上撒鹽**，包括言語上的刺激，或對他前女友過分的負面批判，家人只要能夠適時提供他一個安全又溫暖的後盾，就足以讓他沉澱情緒和療癒了。

到底要不要跟兒子媳婦一起住？

婆婆不一定最大。這世上有一種後天的家人叫「媳婦」，她會成為妳兒子最親密的家人和隊友，「現代媳婦」再也不是古早時代忍氣吞聲、逆來順受的查某人。有一天，也許妳也會遇到「靠北婆婆」的媳婦，妳該如何用智慧化解這類問題呢？

這是個大哉問，在以前的農業舊社會，除非犯錯被踢出家門，否則媳婦和婆家一起住是天經地義的事，它既是當代的潮流也是普遍的社會現象，何況舊時代的女性只是男性的附屬品，即使兒子成年後有了家室，仍然得附庸在父親的經濟支配下，不論是在大宅院還是小戶人家裡，公公是家中地位最崇高的人，同時也是掌控權力的支配者，而婆婆則是主中饋，並負責一切的大小家務事，媳婦就是直接隸屬於婆婆的管轄範圍，這是典型男主外女主內的分工形態。

為什麼公公和媳婦間的問題比較少？因為受限在傳統保守的家庭倫理中，有著男女授受不親的規範，導致公公的角色只負責管兒子，而媳婦與婆婆之間因有直接接觸的機會，互動頻繁當然衝突也就跟著多了，再加上，女性備受三從四德的舊禮教束縛，只能輪迴於「在家從父，出嫁從夫，夫死從子」的宿命中，因此，婆婆和媳婦均為了自己下半輩子的依靠，拚命在兒子和丈夫面前爭寵，在這樣的關係裡拉扯，無形之中，婆媳關係就成了千古流傳下來的無解死結，婆媳兩人也就成了彼此的天敵。

但時代演變至今，婆媳關係雖說依然緊張，已經不像從前那樣只能在死胡同裡打轉，顯然新時代的女性們已經可以從宿命、認命，來到知命的階段，掙脫傳統的枷鎖，而為自己的未來做出選擇。

二十世紀以來，因為少子化的影響，社會上幾乎都以獨生子女居多，這些人早已習慣了一個人自由放任的生活形態，突然間竟要為了愛情而失去獨立自主的空間，尤其女生一想到必須和未來的婆婆同住一個屋簷下，就會不寒而慄，甚至快要窒息。

面對婚姻生活的抉擇時，只要自主性強，加上經濟可以獨立自足的情況下，絕大多數的女性都會毫不猶豫選擇與丈夫另組小家庭，更不會主動住進婆家，除非因為經濟狀況不允許，或懷孕了需要有人照料的特殊情況。

現在有媳婦公然「靠北婆婆」，但相對的，現代婆婆也絕非省油的燈，依樣畫葫蘆「幹譙媳婦」的，也大有人在。

幹譙媳婦

話說純純（化名）就是婆婆眼中的幹譙媳婦，因為打從她和太和（化名）戀愛後，就很強勢地主導一切，太和的母親心想：他們是熱戀中的情侶，而戀愛中的女人總是要佔上風，才會有被愛的浪漫，因此雖然感慨世風日下，但也不好表現得太介意。

豈曉得，到論及婚嫁時，純純還是一副目中無人的樣子，憑她個人就可搞定一切似的，從提親、訂婚到結婚典禮等儀式，幾乎都沒讓太和有參與的份，有的話，也只是用告知的方式，完全不把婆家放在眼裡。

終於，未來的婆婆忍不住問起兒子太和：「麻煩請你告訴我，我們現在是在娶媳婦還是嫁兒子？」

沒想到太和竟嘻皮笑臉，有點尷尬地回答：「都可以啦，何必這麼計較？」

此言一出，做母親的聽完倒抽了一身冷汗，不僅愣住還啞口無言，但也只能訕訕然自我解嘲：唉！也罷！誰叫自己生出這個孬種。

結婚後，純純跟太和直接搬進了由太和的父母為他們預付百萬頭期款的新房。本來太和的母親是打算先讓兒子和媳婦在家裡同住個兩三年，一則媳婦剛進門，彼此需要多相處才能培養感情；二來，可以先利用房子的租金支付房貸的利息，三則：這期間若媳婦懷了孕，不但可以就近照顧，將來還可以幫忙帶孫子，讓上班族的兒子和媳婦無後顧之憂。

可是萬萬沒想到，兒媳自私自利的程度已到達了孰不可忍的地步，反正太和對純純是百分之百的言聽計從，完全一副很有信心的樣子，並勸母親：「妳不是常說兒孫自有兒孫福嗎？我已經結婚了，妳就好好跟爸爸在家裡享清福吧！」

常言道：家中一老如有一寶，很多狂妄的年輕人是沒有辦法去真正體會這句話的涵義，因為年輕就是有膽，什麼都不怕，要等到懂得害怕時，才發現原來自己也已經老了。

對此，臺灣有句諺語：「嬈掰（囂張）無落魄的久。」這句話傳神應驗了太和夫妻後來的生活。果然，婚後不到兩年的時光，太和的工作就出現了瓶頸，他竟無預警的被裁員了，而偏偏這個時候，純純也意外發現自己懷孕了，在面對房貸和車貸的壓力，丈夫又失業，而自己的狀況也很混亂的打擊下，一向意氣風發、自信滿滿的純純，終於無法面臨突然而來的暴風雨，在承受不了壓力、快把自己給逼瘋的狀況下，所謂性格決定命運，她竟然任性做出幾乎徹底毀滅了婚姻的抉擇，那就是瞞著所有人偷偷去墮胎，偏偏她找上的是位密醫，結果手術過程出了狀況，導致流血不止，差一點就送了命。

記住，婆家不是娘家

在這個案例裡，可以發現純純既沒有跟公婆住在一起，而婆婆也未介入他們的生活，或從中作梗，但純純的婚姻一樣出現問題，可見婚姻幸福與否，完全跟是否與婆婆同住一屋簷下無關，不必拿這個作為婚姻觸礁的代罪羔羊。

因為**婆家不是娘家**，住在娘家可以隨興和隨便，因為那是妳自小熟悉的環境，家庭中的人事物都跟血緣、基因和遺傳有著密切關係，尤其父母親對子女的愛和包容，通常是直到他們闔上眼去世為止。

但**婆家和娘家則是兩個截然不同且完全陌生的生活環境**，即使與丈夫結了婚，也只有姻親關係，連夫家血統的邊都沾不上，何況婚前談戀愛的時候隨男友到婆家去拜訪時，多半是以稀客的身分偶爾出現，當然會受到較特殊的禮遇和款待，但只要辦理完成結婚登記手續以後，妳在婆家的身分一夜之間馬上改為家人，而角色的扮演則自動變成了妻子，至於地位嘛，將永遠跟在婆婆後面。

「王子和公主結婚後從此過著幸福美滿的日子」，這種故事只會出現在童話書中，而且婚姻觸礁時，為人夫者最常用的一句話就是：「妻子可以再娶，老母只有一個。」

就足以證明女人千萬不要天真到相信：個人愛情的力量足以讓妳有能力去徹底改變一個男人，或是：婚後還可以撿到那個跟婚前追求妳時一樣浪漫的丈夫。

別再期待男人能解決問題

為什麼男人總是搞不定婆媳問題？因為面對母親時，他不能插手婆媳紛爭，而面對妻子時，他又管不了，就乾脆裝聾作啞以保平安。

婚後在婆家要面對的將來完全是個嶄新局面的開始，令人既期待又惶恐。才會有人揶揄說：結婚對人類而言，其危機意識與飛蛾撲火應屬同一等級。

要融入一個陌生的新環境，需要相當大的勇氣，但最重要的是：

一、**先調整好已是人妻的心態**，不能一成不變地把過去在娘家的習性當作嫁妝，隨身攜帶著。

二、**不必傳統到嫁狗隨狗般的鄉愿**，但至少要能夠做到入鄉隨俗，謙虛的學習，尊重婆家既有的文化和生活方式。

三、生活可以交流，但**不要眷戀過去單身或在娘家時的自由自在**，更毋須無聊到拿婆家和娘家來做無謂的比較。

四、**一定要和婆家建立良好的人際關係**，因為它對妳在婚姻經營的過程中，會有意想不到的助力。

五、婆婆未必真懂得兒子成年以後的內心世界，但至少她最清楚他從小到大的生活習性，**若能向婆婆多討教，可避免或減少踩到丈夫的地雷**，應該算是趨吉避凶的捷徑。

如果能夠把握以上原則並力行的話，相信婚後跟不跟公婆住已經不是問題，因為妳早已經融入成為一家人了。

現代的婆婆們也漸漸認清現實，學乖了；與其為了要維持家庭圓滿、子孫滿堂的成就感，好不容易才把兒女拉拔長大，如今卻又得重操舊業，賣力帶起孫子來。有人的理由是晚年最大的幸福就是能沉浸在享受含飴弄孫的樂趣上，有人則認為三代同堂是種彼此有被需要的存在感，更有人認為同住可以為雙薪的兒媳們分擔家計，也有人是單純拗不過兒媳的請求，才同住一屋簷下的，看來還是有願意或希望能夠和兒媳們同住的。

怕吃力不討好退而求其次，或是只想明哲保身，而選擇不與兒媳同住的現代婆婆，似乎明顯有越來越多的趨勢。

以我個人為例，雖然很幸運地擁有孝順的兒子和媳婦，甚至媳婦經常會用撒嬌的口吻希望我能夠與他們久住，每次和可愛孫子分手總是依依不捨，但對於長期習慣獨居卻又能享受寂寞的我而言，能繼續享有獨立自主又不必被干擾的生活空間，是種莫名的幸福感。

雖不常同住但總有家庭聚會的機會，在兒媳真誠的美意下再不成全的話，也就顯得矯情了，因此基於女人比男人更容易瞭解女人，以及欲把媳婦視如己出的前提下，一開始就開誠布公的約法三章，類似：廚房只容得下一個女人，因此主副手輪流當；女人間的事自己解決，不用請兒子或丈夫來當翻譯或裁判；既然彼此都期待擁有如此善緣，一定要珍惜並用超越家人的心情，來感恩和回饋等等。幾年下來，我們都做到了。

因此，到底要不要跟兒媳一起住？完全依彼此的性格、環境的需求、付出的意願和溝通的能力，來做決定。

現代媳婦很白目？妳該怎麼面對這個煩惱？

現代已經沒有「晚晚去睡，早早起」的媳婦，但妳的媳婦說話總是不經大腦嗎？總是在人前人後罵妳的兒子嗎？請她把罵丈夫的機會留給做婆婆的妳。

觀眾的眼睛是雪亮的，妳若是大家公認的美女，那麼人們就會用妳真的長得很漂亮、很美麗等形容詞來讚美，除此之外，就會改用可愛、聰明、賢慧、能幹等等來形容一般的長相。

在每下愈況的情形，有可能到最後，只會選擇用愛國者或智仁勇來形容妳，試問有哪位女性希望在男人的眼中自己不是美女而是勇猛超人？所以不要天真地把諷刺當作讚美，因為這也是屬於白目的一種。另外，不懂得分辨場合而隨便亂發言講話，導致局面尷尬的情況也是白目。

喜歡嗆聲的白目媳婦

白目蓮（化名）非姓白，而是因為白目的關係，從小就被起了個白目蓮的綽號。

從她第一次到準婆婆家作客時，她表現的白目程度就令人瞠目結舌，而留下難忘的印象。

由於兒子帶了即將要結婚的對象回家，因此未來的公公婆婆均刻意精心打扮，也想順便給未來的媳婦留下個好印象。

結果白目蓮一開口就說：「歐吉桑、歐巴桑你們兩個人，今天又不是要當新郎和新娘，幹嘛穿這麼正式？」接著吃飯的時候，準婆婆客氣問她菜餚還吃得習慣嗎？白目蓮竟然反嗆：「怎樣？難道吃不習慣，妳還要再重煮嗎？」等到午後作完客要離開的時候，準公公客氣對她說：以後有空可以常來玩，沒想到白目蓮臨門的最後一腳竟是一面揮揮手一面大聲回答：「放心啦，有緣我就會再來，但如果緣分盡了，我今天就先跟你們說 bye bye 了。」

對於白目的媳婦，做婆婆的就是要有耐心，捺住性子地不斷教導她，個性白目的人給人的印象就是少了根筋，說好聽是簡單和天真，實際上是缺少生活各種層面的見識與經驗，因此無法做出正確的判斷和應對。

但也因為白目者的想法較單純而直接，其性情也較開朗而正面，所以有很大的進步空間，雖然自目媳婦的行為有時會因為太過無厘頭，而令婆婆氣結，但比起好吃懶做、心思陰沉、喜歡賣弄及挑撥是非，甚至故意扮豬吃老虎的偽白目的媳婦，只要婆婆樂意給予包容和體諒的話，白目媳婦和婆婆的感情總是較能夠細水長流。

白目蓮的婆婆共有三個兒子和媳婦，但最後被婆婆指定為她辦後事的就是白目蓮。

為婆婆兩肋插刀的英子

英子（化名）的婆婆發現了丈夫疑似有外遇，於是找媳婦英子替她去跟蹤公公。婆婆因自己不便出面，而且也只是想確認一下心裡頭的質疑，是不是真實罷了，豈知白目的英子竟然為了替婆婆出氣，於是一路尾隨公公，直到他歇腳在一間二樓的公寓門前，果然前來開門的是一位中年女子，說時遲那時快，英子奮不顧身地穿過馬路，快步跑上樓，當下就出聲嚇阻。英子的公公突然看到媳婦出現，著實嚇了一跳，不禁詫異地問英子：「妳怎麼會來這裡？」英子鐵青著臉，表情嚴肅地直問公公：「她是誰？」

原來是烏龍一場，英子的公公不定期受邀來陪他中風而正在復健中的老同學打麻將，眼前開門的這位女性就是他老同學的女兒，門打開後，英子走進去才發現裡面已有三位老人家圍坐著一張麻將桌，三位老人家看到她公公出現，好像根本不在意剛才到底發生了什麼事，反而頻頻催英子的公公快上桌。

雖然事後婆婆被丈夫斥責了一頓，但婆婆卻是由衷感謝，幸虧有這位白目媳婦見義勇為，才讓自己心頭變得舒暢多了。

一定要規定住在外面的兒子媳婦固定回家看父母嗎？

養兒防老也許不合時宜，但對多數婆婆而言，其內心深處還是對兒子能否關懷及照顧她到入棺的最後一刻，其實是有相當程度的期待。

每個家庭都有不同的家規，父母對於結婚前的兒女都會有類似像門禁或宵禁的規矩，如果兒女不遵守的話，可能就會遭受到處罰。一旦兒女成年了又不跟父母親同住，硬要規定門禁的事情就會比較困難。

可是如果兒子媳婦結婚後住在外頭的話，有些父母親還是會希望兒媳們能夠定期回到婆家聚會，甚至當兒子和媳婦還在談戀愛時，有些家規比較嚴格的父母親就已先告知對方「定期回婆家聚會」的附帶條件，但也有人覺得這本是行之有年的家規，也是為人子女很自然的孝順行為，並不值得特別提起，結果婚後才發現：**對於只希望多花時間與丈夫子女獨處的媳婦而言，這種定期回去看婆家的事情是種無形的壓力跟負擔**，尤其婆家到底不比自己的娘家，即使公婆和家人都不錯，但還是有不能完全融入的不自在感，因為中間夾有一道說不出來的隔閡，親切中卻又保有距離的客氣。

媳婦欣茹的家規

欣茹（化名）就是在不知道有如此家規的情況下，走進婆家，於是每個週末都必須陪伴丈夫回婆家，欣茹的婆婆果然是聰明的角色，一般婆婆會認為：兒子和媳婦偶而回來要求媳婦下廚做家事，回饋一下長輩倒也合理；但她體諒兒子和媳婦兩個人都是上班族，一星期工作下來已經累翻了，若再強人所難，恐怕到時候媳婦會找「可以不按時回婆家」的任何理由，來影響兒子。

由於婆婆燒得一手好菜，於是她就利用這個手藝當誘因，讓兒媳們免去被迫探親的壓力，反而讓兒媳們有每週末上館子的感覺，有時候甚至還會提前打電話給媳婦，讓媳婦點菜。

幾年過去後，沒想到婆婆意外得了絕症，在很短的時間內就去世了。對欣茹而言，她最大的遺憾就是沒辦法再吃到婆婆獨特的佳餚，再來就是她很懊悔，沒有好好學習婆婆的廚藝並傳承下去。尤其當丈夫和兒女對著她煮出來的一桌菜皺著眉頭，這個時候，她總是更懷念起婆婆。

妯娌問題嚴重的三合家

三合（化名）來自一個非常傳統和保守的家庭，父母親對於子女的管教方式完全採權威式，甚至有時還會實施體罰，縱然兒女都已成家立業了。

三合結婚以後，仍然每個禮拜都固定回家探親，而他的妻子也完全配合。可是等到第二個及第三個媳婦進門後，可能因為父母親在處理妯娌間的人際關係不是很恰當，導致媳婦們私下開始分別跟自己的丈夫抗議或進讒言，最後父母親只好做出一個辦法，做人長輩最不喜歡看到這個結果但又不得不接受，那就是每個禮拜大家依舊輪流，卻錯開回去看父母親的時段，並盡量讓合不來的妯娌別湊在一起，免除不必要的尷尬，或者避免媳婦間再度起衝突。

到最後卻演變成父母親年紀愈來愈大後，媳婦們幾乎都找避不碰面的理由，能不碰面就不再碰面，接下來就剩下三個兒子每週末仍載著孫子女們回去看阿公阿嬤，可是等到孫子女們的年紀稍大，有了屬於年輕人的活動空間後，也紛紛退出。最後就只剩下三個兒子分別排班，或一起定期回去看父母親。

成婚以後是否還要硬性規定兒子媳婦必須定期回婆家？依我個人的看法當然是不必要，因為人與人之間的情感維繫不管是基於需要、依賴，還是掌控，在過猶不及的情況下均只會變成增加別人壓力的同時也給自己添加了不需要的負擔。

媳婦覺得妳講話很酸嗎？該怎麼跟媳婦說話？

婆媳之間的關係，真是既複雜又微妙！說是以母女互相稱呼，卻又很難像真正的母女那樣親密、無所不談。

所謂：「說者無心，聽者有意。」尤其婆婆和媳婦的身分關係，跟母親和女兒是截然不同，做母親的對女兒嘮叨或是酸言酸語，身為女兒的可以不在意，但也可以頂嘴反嗆；同樣的，當女兒對母親耍賴或胡說八道時，通常母親也可以很快就原諒或釋懷，因為母女的感情乃天性，不會涉及到動機論，因此雙方可以較無顧忌地直來直往。

而婆婆和媳婦原本就是兩個陌生的女人，既沒有血緣關係又有代溝，她們之所以會湊在一起，完全是因為婆婆的兒子就是媳婦的丈夫。

偏偏在我們的社會學中，沒有一個科系是教導這個關鍵性的人際關係：男人如何建立、維繫母親與妻子間的關係？因此婆媳間的溝通只能彼此自求多福了。人際關係的溝通最重要的就是為了要增進彼此瞭解，但由於婆婆和媳婦之間的關係往往建立得很倉促，就算透過兒子的關係彼此已經認識多年，卻因為尚未結婚，所以雙方真正相處的時間與瞭解程度也很有限。

如此一來，不論是婆婆還是媳婦，都會很在意對方的反應，而且一旦心裡的防禦機制啟動以後，也就會變得特別敏感，再加上不同的性格有不同的表達方式，所以不論是婆婆對媳婦還是媳婦對婆婆，彼此在講話的技巧上（也就是閩南語所謂的「眉角」）都應該特別注意。

朱太太的沉默媳婦

朱太太（化名）到了兒子可以交女朋友的年齡時，就經常耳提面命地提醒兒子：將來若娶妻，一定要找一個面帶笑容而且懂得話語術的女人，因為他們家從商又兼有門市部的生意，在顧客至上的原則下，能做好圓融的人際關係比什麼都重要。

偏偏兒子找的媳婦是個安靜而沉默寡言的女生，為了希望媳婦可以趕快上手接班，於是乎，朱太太採取酸言酸語的方式來刺激媳婦，像是：「咱們又不是開棺材店，妳幹嘛嚴肅地老擺著一張撲克臉。」「過路財神看到妳早嚇跑了。」「到底我們家是欠妳多少錢？」朱太太的激將法反而讓媳婦越發緊張，而不知道是要哭還是要笑才好。

於是朱太太決定改變策略，她隨團到國外旅遊了兩個星期，再回來崗位的時候，竟發現媳婦的服務態度已經不一樣了，像變個人似的，臉上不但堆滿笑容，也會主動招呼顧客。

驚訝之餘還來不及問媳婦，反而是媳婦主動跟婆婆說故事。朱太太出國不在的期間，有好幾位老客人上門購物，其中有一位用語重心長的口吻跟她說：「妳長相很漂亮，但很可惜，為什麼不學妳婆婆一樣笑臉迎人？妳知道妳婆婆做人最成功的地方就是只要走進她的店，即使買賣不成，做朋友也很舒服。妳既然是第二代的接班人，就應該要聽明一點，趕快把妳婆婆的好功夫給留傳下來。」

有些婆婆講話之所以會酸言酸語，與她的個性、說話的態度及口氣均有關係，甚至已經變成她自成一格的習性和特質，而不自覺。

不要把對兒子不滿的情緒，投射在媳婦身上

因此，如果媳婦覺得婆婆的酸言酸語已造成心理上的不愉快或不舒服，其實可以直接找機會和婆婆溝通，用比較委婉的態度，但要直接把自己的看法表達出來，也許經過彼此溝通後，才發現原來是自己太敏感，而扭曲了婆婆的本意。

會對媳婦酸言酸語的婆婆，有部分是基於對兒子情感不滿足的反射，因為婆婆覺得兒子是她一手辛苦拉拔長大的，結果竟有了媳婦就忘了娘。在心理不能取得平衡的情況下，又不能對兒子怎麼樣，就只好用嫉妒的方式來找媳婦的碴。

今日的媳婦就是明天的婆婆，因此如果能夠用「同是女人」而且將心比心，去體諒和感受一下婆婆的失落情結，或許就不會那麼介意了。對於喜歡酸言酸語的婆婆，媳婦不妨把自己訓練成有聽沒有懂的大智若愚者，只要能學習不要太在意，那麼也就不會受到太大的影響。

至於婆婆們要怎麼跟媳婦講話？當然除了盡可能不要酸言酸語，由於為人婆婆活得老看得多，因此對晚輩還是要用比較慈祥的態度，去包容媳婦的無理和無知。

如果妳是媳婦的婆婆也是婆婆的媳婦，該怎麼辦？

如果妳剛好在很有福氣的家族，上面有已經是老人家的婆婆要照顧，又有進門來的媳婦要相處，在這種夾縫的人生中，妳該如何同時當好人家的媳婦？又顧全自己是別人婆婆的尊嚴呢？

女人遇到這種三明治式的人生，以及婆媳重疊的雙重身分，可說是最辛苦的經歷。因為若能遇到個好婆婆，就像是多了位再生的母親，而若能遇到個好媳婦的話，就像又多了一個貼心的女兒。

可惜人生不能盡如我意，同時遇到惡婆婆和刁蠻媳婦的情況也不止是電視連續劇中的情節而已，只要小心審視周遭，就不難發現二十一世紀的今天仍然有同樣的悲喜劇，就發生在你我身邊。

腹背受敵的玉珠

玉珠（化名）今年五十八歲，上面有位高齡七十九歲的婆婆，而自己的媳婦則只有二十一歲，是意外懷孕而奉子成婚的。

由於丈夫的退休金收入不足以把婆婆送到養老院，所以同住一屋簷下，加上丈夫非常孝順，所以他們夫妻的主臥房一直都是由婆婆佔據，偏偏兒子從網路上才認識不久的女網友，如今卻變成了媳婦，而且已懷孕兩個多月。

玉珠因為兒子才剛退伍，連他自己的工作都還沒有著落，竟莫名其妙地就帶回來一個什麼都不會的媳婦，並打算就丟給他們撫養。

本來玉珠是堅持不肯承認這一樁婚姻的，偏偏婆婆為了要抱曾孫，而再三向玉珠夫妻強調多子多孫多福氣的意義。

平時委曲求全伺候婆婆就已有力不從心的無奈，如今卻又多了個好吃懶做的媳婦需要去關照，而丈夫和兒子也擺出一副事不關己的態度，加上婆婆似乎有刻意拉攏孫媳婦，來對抗和抵制她的行為傾向。

但最令玉珠心灰意冷的是，竟然家裡沒有一位成員願意主動為她伸出援手，甚至她在客廳拖地的時候，媳婦竟然翹著二郎腿擦指甲油，並提醒玉珠動作要小心一點，不要碰到她的腳，因為她剛擦好的指甲油還沒有乾。

這七、八年來，當她每天幫婆婆的身體擦澡時，婆婆總是趁著丈夫在附近時，不是嫌擰毛巾的水太冷，就是抱怨泡腳的水太燙，玉珠看在婆婆早年就守寡，而丈夫是街坊皆知的孝子份上，才選擇忍氣吞聲。

如今局勢起了變化，婆婆不但完全不體諒玉珠的辛苦，甚至還變本加厲，要求她必須好好伺候懷孕的孫媳婦，而不懂事的媳婦更仗著祖母的加持，一會兒裝病一會兒害喜，一下子想吃海產一下子又想吃比薩，玉珠只要稍微怠慢，就會遭到家人的批判，尤其是婆婆，她老人家一口咬定她是媳婦熬成婆了，才會把孫媳婦當成沙包在出氣。

玉珠終於忍不住怨氣，而轉向閨蜜投訴，閨蜜建議她不妨出其不意的，來個離家出走，一則給自己放空休假，二來也可以檢驗她在家人心目中的地位？以及還有沒有存在的價值？

在她離家出走後的當天，這個奇招馬上就發生震撼的效果，婆婆的身體沒有人幫她擦澡，於是找來孫媳婦幫忙，可是馬上就被拒絕了，理由很簡單，只有三個字

「我不會」；再來，沒有人可以煮三餐，於是要孫媳婦下廚，但她也是用「我不會」來逃避，當她丈夫生氣質問她：「那妳到底會什麼？」她竟厚顏地裝出欠揍的表情，指著肚子說：「生 baby 呀！」最後還是靠玉珠的婆婆和丈夫兩個人在廚房裡手忙腳亂，搞了大半天才勉強湊出一餐。

丈夫終於透過閨蜜的聯絡，跟玉珠在外面進行深度的溝通，丈夫終於徹底明白妻子的委屈和重要性，並承諾會完全支持妻子，做她的後盾。

玉珠歸來後，便把洗衣服和替婆婆擦澡的工作交給媳婦，洗碗盤的部分則由丈夫代勞，至於拖地和倒垃圾的工作，當然非兒子莫屬。

從此以後，玉珠經常會聽到婆婆對於孫媳婦的工作態度提出嚴厲批判，甚至曾私下希望玉珠可以回來再幫她擦澡，她總是以「讓她做久了習慣就好」回答。

婆婆太老了，而媳婦又沒有經驗的情況下，既是婆婆又是媳婦的女性才是家庭的中流砥柱。

逢年過節怎麼樣才能關關難過關關過？

愈來愈多女性搶著在農曆年節的除夕和初一加班，「過年」這個節日似乎已變成比上班還難的考驗，結婚後，逢年過節變成媳婦們最討厭的節日，婆婆到了這個節日，也如臨大敵，深怕媳婦壞了傳統的規矩。

本來過年過節是歡天喜地的事情，可是一旦有了婆媳關係以後，過年過節對婆婆和媳婦而言，都是一項新的合作關係與壓力的挑戰，尤其除了過年過節外，甚至有些家庭還包括了祭祖和拜神等宗教儀式的傳承。

過年過節除了依照和尊重傳統文化存在的價值外，家中的長輩和各地的遊子們均利用這些具有特殊意義的日子，期待全家人團圓聚在一起，除了代表著大家的團結及向心力外，自然營造出和諧的氣氛與和睦相處的快樂時光，除了象徵著家庭興旺的好彩頭外，同時每個參與的成員均在共同創造將來足以回憶的家庭歷史，因此，過年過節其實是件相當有意義的事情。

舉例來說，過年除夕雖然只是一天，但是每個家庭都會用自己不同的形式鋪陳，加上年復一年的演練，因此過年過節對每個家庭而言，都已經有其固定的習慣和儀式，而且通常掌握家庭重大節日的主要靈魂人物，更非母親莫屬，也就是媳婦的婆婆。

茉莉的除夕夜

茉莉（化名）結婚後並沒有跟婆家住在一起，她來自單親家庭，父親早逝後由母親把她和姐姐扶養長大，可是姐姐嫁到國外後就很少回國，因此婚前她就委婉跟婆家請示：希望婚後可以繼續住在娘家，就近照顧媽媽。

茉莉夫家的公婆果然都是明理的人，加上因為家中有兩個兒子，所以除了欣然同意外，也不太介意親朋好友們背後議論他們的兒子是入贅女方。

茉莉很自愛也很懂事，常常有空就會偕丈夫回去探望公婆，而與夫家兄姊們的相處也十分融洽。

由於感激茉莉夫家的體諒，茉莉的母親更經常會主動料理些精緻可口的小菜，或親手包起擅長的素餃，送去給親家品嚐，兩家可以說是互通有佳。

到了快過年的時候，當茉莉正在左右為難時，卻意外地先接到婆婆的電話，希望她能邀請親家母一起到夫家過年，婆婆還怕茉莉的母親會謝絕，甚至出動了全家，各別進行人情攻勢，最後茉莉的母親終於在盛情難卻之下，在茉莉的婆家愉快度過不再孤單的除夕。

可見只要婆媳關係維繫得好，周邊的人際關係也會連帶受到正面的影響。

過年期間不能休息的臺灣長媳柳菫

柳菫（化名）是臺灣傳統的典型長媳，每到過年的時候，為了張羅夫家除夕的年夜飯，和一連串年節期間需要配合的各種拜拜儀式與供品，以及大年初一親朋好友的串門子，還有初二大姑小姑回娘家做客的各種禮數等，她可以說是已經有好幾天沒睡好覺，也沒進過一頓好食，只是一味地跟著婆婆，分頭在廚房裡進進出出，一刻也不能閒。

她的心得竟是告訴女兒：希望她將來要找的夫家，一是莫當長媳，二是婆家長年不用拜拜的，三則婆婆不是個欺善怕惡的偏心者。

因為夫家有兄弟姊妹六人，有的不是出國就是嫁人，要不然就是選擇不與公婆同住，由於柳堇的丈夫是長子，也就責無旁貸，扛下照顧父母親的責任。可是對於柳堇個人而言，覺得她只是愛屋及烏而克盡職責罷了，沒想到卻從此掉進萬丈深淵，尤其每次當她看到夫家其他成員，包括同樣是媳婦的弟妹們（丈夫兄弟的妻子們）在逢年過節時，一副忘了自己也是媳婦的角色，反而把自己當成是婆家久違的客人般，等著主人家招待。

每次當她情緒低落出現不平衡的時候，會跟丈夫提出抗議，而丈夫總表現出已充分瞭解她的犧牲與奉獻，總以「施比受更有福」來安慰和鼓勵她。

就這樣子，柳堇她在夫家整整熬過了二十個年頭，直到婆婆去世後。有一天，丈夫什麼話都沒說，只是私下拿了一支銀行保險櫃的鑰匙給她，當她打開保險櫃後，她是在既驚喜又慚愧的感慨中，看完婆婆留給她的遺言和出乎意料的遺產。

原來，兒女媳婦們平常的表現一切都掌握在公婆的明察秋毫中，只是為了一家人的和諧，而不便公開指責，或背後搞分化罷了，所以公公生前就把財產平分，留給了所有的子女。可是婆婆卻把她名下的私房錢和黃金珠寶，全都留在臨終前祕密託付長子轉交給柳堇。

怎樣過一個年，取決於妳的心態

過年過節只是短暫付出的代價，可是婚姻生活卻是一輩子的成果，奉勸為媳者：千萬不要因小不忍而亂大謀，因為，這真的不值。

也許現代的惡婆婆並非完全絕跡，但大多數婆婆對媳婦的心態已經大不相同，不再像過去一樣，對媳婦進行傳統式的頤指氣使，或是採權威及命令式的管教。

由於一般家庭的子女生育率逐年下降，導致每個孩子都是父母得來不易的至寶，因此不分性別，其個別的養成教育及人格發展均具有高度的自主性，相對的，也隱藏著剛愎自用與任性的特質。尤其當夫妻雙方均有事業，再加上經濟獨立，又沒有生兒育女的壓力與牽絆，往往會在缺乏理性和耐心時，隨興地把婚姻當兒戲，並把離婚當成口頭禪，用來威脅彼此。

為了能維持兒子與媳婦的正常婚姻關係，很多婆婆基於不想讓兒子成為自己與媳婦間的夾心餅乾，或是無端介入兒女的感情，成了破壞婚姻的代罪羔羊；因此，除了煞費苦心成全外，也都盡量在自我催眠中，成了眼不見為淨的局外人，甚至得到了「恐媳症」，變成不敢也不能隨便惹媳婦生氣的乖婆婆。

寧願加班也不願做年夜飯的芝婷

芝婷（化名）是個三高美女（家世好、學歷高、薪資高），結婚後偶而才會出現在婆家的活動場合，她跟婆婆的關係一直採取「保持距離，以策安全」的原則，但她給婆家的印象並不太差，因為她的人生哲理就是：「只要是錢能夠解決的事情，都是小事。」由於她為人慷慨且出手大方，因此對於婆婆開得了口的要求，她一定使命必達。

所有的媳婦中，也只有她敢率真地向婆婆建議，改變過年慣例，除夕的年夜飯不要在婆家，而且先斬後奏地預訂了飯店，她說服了婆婆既不用蓬頭垢面地為大家煮個不停，而且在餐廳裡還有專人為她服務。

婆婆雖然嘴巴上碎唸著太浪費了，但心裡頭還是挺受用的，至少她的辛苦不是由身邊的丈夫和兒子所發現，反而是藉外來媳婦的貼心，才能享受到這意外的幸福。

事實上對芝婷而言，她寧願在公司加班加到天亮，也不願意站在廚房燒一道菜，所以才會想出這個兩全其美的辦法。

試試看合乎現代生活的新式年節吧！

現在有越來越多的家庭都是一胎化，雖然說生男生女都一樣，但每到過年的時候，總還是會質疑：為什麼一定得在婆家過年而不能留在娘家過年？為了這個問題而傷腦筋。其實這些問題都可以透過相互溝通來解決，我就曾經公開在電視節目中呼籲大家，**不妨改變成一年在夫家過年、一年在娘家過年的輪流方式**，若行得通的話，不但可以維持傳統的美德，也不會讓家中只有獨生女的長輩年年觸景傷情，同時更可落實了兩性平權的意義和價值。

進廚房並非女性的專利，但若婆媳能夠相互學習與傳承廚藝，除了能擄獲丈夫的心和胃，更樂得讓子女晚輩們見識到家庭共享天倫樂的團結氣氛，因此一年一度若能用心為全家出力做羹湯，即使辛苦一點也無須太計較，況且網路上訂購方便，縱使滿漢全席都可以不沾到鍋。

現代的男性也不再是大男人主義的信徒，因此只要事先做好溝通，並把工作分配好的話，相信男人樂意下廚的意願也會越來越普遍。只是刻板印象中，似乎傳統的廚房裡只容得下一個女人，因此，若個人願意承擔的話，或許可以讓事情的發展較為順暢；當妳辛苦做出一頓的年夜飯時，獲得的滿堂掌聲想必一年都受用。

進兒子的房間一定要敲門？

常常看到抱怨婆婆不太重視禮貌、也不太懂得隱私的新聞。包括「婆婆不敲門就開門的習慣」、「不敲門闖進來的公婆看見私密的尷尬事」、「婆婆闖進臥室看見我裸睡」，甚至有婆婆不敲門撞見兒子和媳婦在恩愛，結果兒子一驚，生殖器當場折斷的憾事。

進入任何人的房間前均必須先要敲門，這已經是世界生活公約的基本禮儀，當然，對自己的兒子也不例外。

我就曾經輔導過一個個案，因為公公的家居穿著隨便，這也就罷了，可是這位公公進出兒子媳婦的房間時，不但不先敲門，甚至在完全無預警的情況下，分別撞見了兒子與媳婦正在行房，以及媳婦穿著內衣褲睡午覺的尷尬局面，媳婦雖然曾向婆婆申訴，但婆婆採取視若無睹的態度，並以「莫小題大作」而訓斥媳婦，導致媳婦為了自己的人身安全起見，逼迫丈夫必須搬離開婆家，否則將以離婚作為收場。

另外一個個案則是：媳婦在家裡的穿著太隨便了，導致婆婆看得很不順眼，也曾試圖向兒子提出看法，但兒子認為是母親太保守和大驚小怪，可是每次當婆婆看到丈夫用色瞇瞇的眼神偷瞄媳婦的胴體時，她的血壓就會飆高，而情緒卻完全盪到谷底，幾乎每天都活在既無尊嚴又完全沒有安全感的氛圍裡，甚至必須長期吞食鎮定劑助眠。

站在門口偷聽的婆婆

安邦（化名）的母親年輕時由於丈夫外遇出軌而離婚，也許是受創傷壓力症候群的影響，性格上變得非常敏感，而且非常容易緊張。

安邦結婚後，妻子經常會在不經意打開房門時，突然被站在門口的婆婆給嚇到，不知道婆婆已偷聽他們夫妻交談有多久了！除此之外，婆婆還會藉整理房間為理由，完全不用經過她的同意，就直接進行搜索，她也試著上班或出門前把房門上鎖，但結果無效，因為婆婆從外面叫了打鎖匠來複製鑰匙。

為了抱孫心切，婆婆還會刻意檢查他們房裡的垃圾桶，確定兒子安邦是否有受到媳婦的蠱惑，而採用保險套做避孕措施。總之，婆婆的行徑對媳婦而言已經接近了病態的地步，起先婆婆還會利用苦肉計爭取兒子的同情，但最終當安邦意外發現母親竟然在他們的房間裡裝了針孔攝影機後，就決定與妻子另外租屋，只為了能早日擺脫母親設下的夢魘。

千萬別因為住在一起，就隨意進出兒媳房間！

「禮」字近乎恥，認為同住在一個屋簷下就是一家人，也就可以隨隨便便甚至忽略了對個人隱私權的尊重，這不但是違反民主的精神，更是接近落後及無廉恥心的野蠻行為。

你會很羨慕跟兒子媳婦一起出國玩的婆婆媽媽嗎？

沒有人會想跟婆婆一起出門旅行，帶婆婆出門，對現代女性來說，簡直就是晴天霹靂。除了兩代人常見的價值觀不同，導致旅途中的摩擦和爭執，許多媳婦常抱怨：婆婆愛唸又規矩一堆，好不容易安排的假日就這樣泡湯了，所以不想揪婆婆這個老人家出門旅行。

大部分的婆婆媽媽應該都會很羨慕，古人道：「顯親」也是一種孝，身為人子者，不論是兒子媳婦還是女兒女婿，能夠帶父母或岳父母出遊，不一定非得要出國才算數，光是在國內同遊，過程中所拍攝回來的照片或影片，就足以和親朋好友們炫耀個老半天。

何況在老人的世界裡，愛情完全是奢求，而友情已凋零，只剩下親情可以稍微慰藉，如果為人媳婦者能夠用感恩的心情來回報：今天身邊有這麼一位愛自己的丈夫，完全是托婆婆數十年含辛茹苦的教養，才有的福氣，同時更要體諒婆婆的年紀越來越大，而出國的機會也會越來越小。**大部分的兒子幾乎不會主動陪伴母親單獨去旅行，所以媳婦的角色就具有舉足輕重的地位**。

能夠跟兒媳們一起同遊的機會對長輩而言，均是深感欣慰的感動，但別忘了要顧慮到老人家的尊嚴，千萬莫讓他們有「不食嗟來食」或是出現心不甘情不願的態度，否則不但美意前功盡棄，可能還會留下更深的怨尤和溝通上的障礙。

問題是，多半的年輕人都不太想要和長輩出遠門旅遊，理由大概如下：心理上有壓力，不好玩以及增加經濟的負擔。

如果只是兒媳帶著自己的小孩出門的話，好歹全部的精力就只要專注在他們的身上就好，可是若是偕長輩一起出門，就得瞻前顧後，而壓力特別大，例如：小孩子調皮，一旦到了個新環境，只要看到什麼新鮮事都會情不自禁地好奇或四處亂跑，偏偏年紀大、體力差的長輩們則在後面跟不上腳步，於是就會看到夾在中間為難的兒媳們一面叫喊著前面的孩子不要亂跑，一面又得回頭催促長輩是否可以走快一點的尷尬畫面。

加上出國旅遊總會有時差的問題，而長輩們通常都會應驗了導遊常開的玩笑：老人家旅遊的特色就是上車睡覺，下車尿尿，逛街只會進去買補藥。

但對於年輕的兒媳們而言，如果沒有小孩子的話，他們要追求的是高度刺激和難得的體驗，像是到海邊衝浪、浮潛、高空彈跳和搭乘熱氣球等活動，如果有小孩子的話，雖然只能選擇較為靜態的活動，但原則上他們的心裡也會期待能利用這難得的出國機會，增進夫妻的情感，並與孩子們多培養些獨特的親子相處空間。

而且出國旅遊從買機票、預訂住宿旅館，到沿途吃喝玩樂的開銷，多一個人就是多一筆費用，對上班族的兒媳們而言，均是一項不小的經濟負擔。

在如何建立和諧婆媳關係的座談會上，就有幾位學員公開「靠北」而埋怨說：「真的是強人所難，我連自己的媽媽都懶得陪她出國了，居然還敢要求我必須帶著根本沒什麼話好聊的婆婆一起去，所以若婆婆硬要跟的話，不如乾脆就讓我老公自己帶她去，不是更省事又省錢嗎？」

另一位媳婦也馬上搭腔：「就像電視劇上形容的，矯情就是貝戈戈（賤人），我婆婆就是屬於這一型的，從一開始的推托，到後面變成了積極主動，這倒也罷了，最後反而是喧賓奪主，從此只要是跟出國有關的任何事情，她都有意見，害得原本要出國的興奮心情都被她這位半路殺出的程咬金，搞得烏煙瘴氣，反而變成我們夫妻間吵架不斷的主要原因。」

還有一位媳婦則面帶笑容幽幽地說：「幸虧我沒有跟公婆住在一起。」最後面的發言者卻語不驚人死不休地補上一句：「看來我還是最幸運的，因為我的公婆早都已經死掉了。」

看來會不會羨慕跟兒媳出國的事，可真是幾家歡樂幾家愁呀！

該不該跟兒子媳婦一起出國旅遊？

常見到媳婦抱怨公婆同行的家庭旅遊，總是敗興而歸，所以盡可能拒絕公婆一起跟的旅行計畫。但隨著女性自主權升高，也有婆婆面對兒子不願帶自己出門，卻高高興興跟岳父母一起出國遊玩的冏境。

這不是「該」或「不該」的問題，而是在於婆婆當事人有沒有「意願」，以及有沒有「能力」去面對挑戰。

除非妳兒子的收入相當好，而且可以獨立掌握經濟大權，再加上他對妳的孝順足以影響媳婦不會介入干預，否則如果是由兒媳婦掌大權的雙薪家庭，而妳兒子又懼內的話，妳就是個人有意願恐怕也未必有能力去圓夢，因為只要媳婦開口問妳兒子一句：「憑什麼是帶你媽出國，而不是帶我媽？」就了結了。

所謂：人老了要具備自己活得是否有尊嚴的三個「本」，即「本錢」、「本事」和「本分」。

牢牢管好自己的「本錢」

過去遠古農業時代的「積穀防饑」和「養兒防老」的迂腐觀念，都要完全把它去除，所謂害人之心不可有，但防人之心不可無，即使是面對自己的兒女也應不例外，所以這句成語應改成：「養自己是為了防兒」才是。

多少的媽寶和作奸犯科的子弟都是父母親寵愛下的特產，多少的父母生前省吃儉用，結果留下大筆的財產只是讓兒女為爭奪己利而反目成仇，甚至老死不相往來。

時下的年輕人大多是獨生子女，而且在寵愛集一身的環境下長大，主觀意識抬頭下，通常都先學會了替自己爭取權益，反而疏忽了如何替別人設想的體貼。因此，「人不為己，天誅地滅」這句話應該是現代父母親要把它列為座右銘，而彼此共勉之。

因此，如果妳的經濟能力是獨立的，而且可以自己掌握及支配的話，要不要和子女一起出國旅遊的選擇空間就變大了。因為只要不會給兒媳帶來額外的經濟負擔，也許他們就會比較樂意讓妳參加，相對的，因為妳不會去花到兒媳們的錢財，因此小倆口在預算上也就比較不心疼或計較了。

出國旅遊就是為了要排除萬難，偷得浮生半日閒，然後把自己放在一個自在、舒適又優美的環境中，盡情享受，因此千萬別讓一家人在錙銖必較的壓力拉扯中，把旅遊同在的樂趣變得既無聊又無趣，更不要捨不得自己花錢出國旅遊，卻被一心把財產留給子孫的本末倒置的想法給套牢了，只要是花錢可以消災又可皆大歡喜的事情，何樂不為呢？其次說到「本事」，俗話說：「英雄不怕出身低。」不論妳的出身背景如何，即使只是個家庭主婦，也要有讓人尊敬的職業道德和品格。

做個不煩人的長輩

用在出國旅遊的本事上，儘管年紀已大了，但也一定要為自己是家庭旅遊團隊的一分子而盡心。除了可以先上網或到書店去收集一些專業的旅遊知識外，最重要的就是主動問兒子和媳婦：關於這趟出國旅遊，妳的角色必須分擔哪些工作？即使他們體貼告訴妳什麼都不用擔心，但妳自己也要私下先做好功課備用，尤其是自己的行李，包括應該攜帶的個人用品：從護照、信用卡、手機，到常用的藥品、化妝品、梳子、牙刷，以及外出的帽子、眼鏡、衣服、睡衣、內褲、拖鞋等，都要一一先列在清單上，再複檢和補充。

我個人出國的用品清單十分完整，經常會被朋友們拷貝使用，最大的受益是當我們全家出國旅遊期間，我的存在絕對不會變成大家的壓力和負擔，甚至媳婦也會拿我的清單去當參考。

聰明扮演好妳的角色

最後談到「三本」中的「本分」，一個懂得守本分的人，基本上就是自愛，他是不會踰越了自己的權利和角色的扮演，用在與兒媳出國旅遊的守則上，至少要注意幾點：首先，莫須為兒媳出資而內疚或慚愧，反而要安心而大方享樂，相對的，千萬不要因為自己沒有讓兒媳出旅費，或是大家的旅費全部或一部分是由妳出的錢，就認為自己是老大，應該享有特別的發言權，而採取獨裁者似的領導作風。同時也要學會及瞭解：團體中最怕的就是出現七嘴八舌或無中生有的亂象，因此一旦確定要參與兒媳們出國旅遊的團隊後，行前有什麼疑慮或須瞭解的地方，應該事先發問和討論，一旦出國了，就要以兒媳們的領導為主，而自己為輔，千萬不要強出頭，或當眾倚老賣老，尤其若還有跟外人共同組團，有什麼事情要建議或交代的話，盡量選在私下談，避免在公開場所高談闊論或指桑罵槐，免得令自己出糗，也令兒媳難堪，從此被列為拒絕往來戶。

就算很想抱孫子，也要聰明關心兒媳婦！

臺灣長輩最愛問的問題不外乎就是「還沒結婚啊？」「什麼時候生小孩？」，但懷孕生子大不易，有人為了懷孕，受盡了各種苦，也有人想等經濟穩定後再說。但長輩在兒媳婚後猛催生小孩，通常只會造成晚輩疲於應付的反感。

天下所有的公婆幾乎都期盼孩子結婚成家以後，可以盡快讓他們抱孫子，雖然此乃人之常情，但卻不應操之過急或緊迫盯人，最好的心態就是能夠順其自然。

事實上，不論是年輕或是熟齡才結婚的夫妻，除非婚前雙方就已經很確定要當無子女的頂客族，否則一旦結了婚，是否能夠正常懷孕的議題，不只是媳婦當事人會有的莫名壓力，甚至包括了夫家的公婆以及娘家的父母，也都會跟著緊張和擔心。

就像運動場上的選手，一旦上陣，不管能不能拿到獎牌，他的心情比起教練或旁觀者，其實更期待又沉重，尤其看到其他參賽者一副胸有成竹而信心滿滿時，自己更會忐忑不安。

這時候，他最需要的是安靜的沉澱和安全的等待空間，除了教練外（對產婦而言，就是醫生），觀眾席上的親朋好友們，大家只要適度給予加油與祝福的鼓勵就夠了，而不是頻頻亂出主意，以致於攪亂了參賽者的穩定信心。何況生兒生女更不是女方可以決定的，尤其在少子化的今日，若比起從前「唯有生兒子才值得慶賀」的荒謬與落伍的想法，已演化進步到生兒生女都是寶的境界。

當媳婦進門兩三年後還沒有懷孕的消息時，有些沉不住氣的婆婆就會在無意間犯了望子成龍、望媳生孫的迫切感，而養成四處求偏方或問神卜卦的行徑。

林鳳婆婆的抱孫夢

林鳳（化名）結婚六年了，還沒有懷孕的跡象，急壞了婆婆，因為林鳳的丈夫是世代單傳的獨生子，所以在皇帝不急急死太監的情況下，婆婆想抱孫子簡直想瘋了。

有一天大清早，婆婆打開家門口，發現旁邊的垃圾桶裡竟然被擱放了一個嗷嗷待哺的嬰兒，驚訝之餘，忍不住把嬰兒抱在懷裡，並好奇打開嬰兒服查看，發現居然還是個男嬰，心裡一怔，不禁興奮地就往家裡跑，並把正在睡夢中的兒媳一起叫醒，並迫不及待告訴他們剛剛發生的怪事，並不斷自言自語說著：「哇，這可真是老天爺專程來給咱送來的禮物呀。」

林鳳的丈夫揉著惺忪的雙眼，一面下床找手機，母親見狀，急忙上前問他想幹什麼？兒子冷冷的回說：「當然是報警呀！」

兒子不假思索地告訴母親：「媽，妳現在心裡想幹什麼我很清楚，但我只想先確認一下這個孩子若報戶口，是要叫妳媽還是叫阿嬤？」林鳳的婆婆聽完後，只好作罷。

在第八年的時候，林鳳終於生下一子。

命裡有時終須有

我的兒子四十歲那年才結婚，而媳婦又比兒子大一歲，當時就有不少親朋好友關心，包括媳婦本人都覺得由於高齡的關係，可能會有懷孕障礙的疑慮，於是我主動安慰和鼓勵她，一切要努力而把結果交給上帝，真的不需要給自己太大的壓力，而且我個人創辦的公益團體「庥二甲」，六年來安置的未婚生子的小孩及弱勢問題家庭的兒童們，全部加起來超過兩百多位，每個小朋友都叫我「先生嬤」，所以我早已經子孫滿堂了。

如今我的孫子已經快四歲，真的應驗了命中有時終須有，而命裡無時莫強求。

媳婦一定要照顧妳的兒子嗎？

如何解釋婆媳關係？其實說穿了就是兩個互為天敵的女人，中間夾著一個男人，是難解的三角關係。如果這個男人不懂事，就會把三個人的關係搞得焦頭爛額。常有媳婦抱怨婆婆把老公當小孩，婆婆要求媳婦像她一樣「照顧兒子」，或是深怕兒子太累，吩咐媳婦：「男人在外面工作很辛苦，千萬不要叫他做家事。」

每對男女結婚的時候在大庭廣眾見證下，其宣誓的內容就已經充分表示：婚後不論是在任何好與壞的情況下，彼此都會照顧對方，直到老去為止。

幾乎沒有人結婚的目的只是單純為了要照顧另外一個人，而是希望藉由結婚的法律程序，來保障彼此照顧的權利與義務。

婆婆期待媳婦要照顧自己的兒子，這種心理是可以體諒的，這跟為什麼說「女兒是父親的前世情人」的道理是有連貫性的，因為父親對待兒子是從男人的眼光來看男人，他會希望兒子的角色要像自己一般，踏實堅強和勇敢，遇到什麼事都可以自己扛起責任，甚至更具有保護家中老弱婦孺的能力，因此父親對兒子總是比較嚴厲。

至於對待女兒會比較溫和和疼惜的因素，除了是女性外，另有一種不捨的情感作祟。即使父女情深，但因為女兒結婚以後，不論是角色的轉換還是身分的改變，總是會和婆家的關係比較密切，若在婆家受了什麼委屈，除非有特別的嚴重性，否則娘家父兄採取的態度仍是勸和不勸離，所以父親在嫁女兒時的心情多半是無言的失落。

母親對兒子的情感尤其複雜，除了兒子是傳承夫家的姓氏和延續家族煙火的承襲者，而且打從兒子一出生，負責哺乳其生命的照顧重責都落在母親的肩上。

一般等到兒子要結婚的時候，年齡大約都在三十歲左右，光以這三十多年來日夜生活的相處，以及彼此互為依賴的情感，那是種外人無從體會的血濃於水的親情。

兒子結婚以後，雖然仍會繼續保留其原生家庭的親情，但很自然地，隨著愛情與性的需要，會漸漸把生活重心轉移到與其媳婦共建的新天地，並創造另屬於他們共組的家庭生活。

在有限度的界線下，關心兒媳

若認不清這個事實的婆婆仍堅持把成年又成家的兒子當成幼兒般，且固執地繼續照自己的方式來照顧他的話，恐怕只會顧此失彼，也許兒子早已習慣母親的行為舉止，不會有什麼特別的顧忌，但對媳婦而言，卻會質疑：「難道自己的丈夫原來是個媽寶嗎？」更由於婆婆的介入太多，導致媳婦覺得她在婆家的地位根本就是一個不重要的外人罷了。

婆婆如果不放手，兒子永遠長不大，而兒媳婦若不趕快接手，則丈夫就只好再回去找媽。

一位因丈夫有外遇而遭到遺棄的女性朋友，她有感而發地說：「婆婆的存在雖然令人討厭，但她到底是丈夫的親人，而且一定會比我早死。可是丈夫的外遇卻像打不死的蟑螂般總是一個接一個。」

媳婦是一定會照顧自己的丈夫，這一點做婆婆的不用太杞人憂天，至於媳婦照顧妳兒子的方式，只要兒子他本身可以接受，做母親的又何須太介意呢？就算兒子沒有娶媳婦，為母的妳終有一天還是會比兒子先走，到那個時候，他還不是得學會如何自己照顧自己？換個角度想，如果自己的兒子不但會照顧自己，而且還會照顧他的妻子和兒女，這才是為母者真正可以感到欣慰和驕傲的。

不要剝奪媳婦為人妻的權益，婆婆對照顧兒子的心態要用跑馬拉松接力賽的精神，應該階段性地放手並親自傳遞給媳婦，不妨用顧問的角色從旁客觀協助就好，如此一來，媳婦應該會用真正感動的心情，來負起傳承的責任。

學習好命的婆婆之道

有一種婆婆，總是會拿「現代的媳婦」跟「從前做媳婦時的自己」做比較，說「媳婦真好命，想回娘家就回娘家，都不用看人臉色」。但是抱持這種想法，就是不懂得將心比心，把媳婦的付出當成應該。在婆媳關係中，最好的潤滑劑就是彼此的體諒。

什麼叫好命？因為好命兩字既主觀又抽象，只能說見仁見智。

別人眼中的好命婆

在社會上，我們看到不少人的家庭經濟富裕，丈夫也沒有外遇，而自己的身體也很健康，加上兒女的表現也都很出色，可是她卻得了憂鬱症。

在別人的眼中，她應該算是夠好命了，可是眼睛看到的未必就是真相，你只要再深入瞭解其背後的現實面，就不難發現她不快樂的真正原因了。從外人的眼光來看，她絕對是個富婆，但偏偏在真實生活中，她每花的一分錢都得仰望丈夫的嘴臉；丈夫雖然沒有玩女人搞外遇，但從來既不體貼也不溫柔，稍微不如他的意，還會家暴動粗，至於兒女們的表現，的確都很優秀，但卻很少會主動關心她，都是一群高知識分子卻自私自利的新新人類。

表面風光的單親媽媽

另外有位單親媽媽，自己含辛茹苦、縮衣節食，把一對兒女撫養長大，並向親友貸款栽培他們到國外求學，一路念到博士學位，期盼一雙兒女回來後，可以讓她好好頤養天年，豈曉得，兒子在國外娶了洋媳婦後就再也不回來了，更遑論出國前答應要替母親還清貸款的事，而女兒拿到學位以後是有回國，但偏偏選的工作地點和母親的住所是南轅北轍，除了過年過節偶而見個面、塞給她一個紅包外，竟然告訴母親有事或想她就發個 Line 吧。

這位單親媽媽在親朋好友的眼光中，也應該列為成就不凡的好命人，可是只有她很清楚自己是啞巴吃黃蓮，有苦說不出啊！

豪宅中的老人

她的兒子和媳婦都是科技新貴，還在公司附近買了間透天厝，把老太太接來一起住，臨別前，左鄰右舍的老鄰居都給予她最大的祝福，認為她苦盡甘來，終於能夠好好享受未來三代同堂的全家福。

可是天曉得只有她自己最清楚其中的滋味，當初她一心一意想要脫離原來熟悉的又髒又亂的老社區，並以為住進了新的豪宅後，從此就可以快樂似神仙了。豈知等住進了新社區，不久以後才發現自己反而變成籠子裡面唯一最孤獨的老鳥，早上送走了兒媳去上班後，漫長的一天中就只剩下她，一個人看守著傢俱和花草，而社區裡面根本看不到幾個老人家，鄰居的房子也都是獨棟獨院式的，別說是串門子，連隔壁住的是什麼人都摸不清楚。

她的午餐永遠都是從冰箱裡拿出些剩飯剩菜，隨便微波料理一下就解決了，可是到了晚餐，她經常費盡心思做好了熱騰騰的佳餚，等著下班的兒媳們回來共享，可是一個星期至少總有兩三天，不是兒子就是媳婦打電話告訴她，他們不是要開會就是得加班，即便一家三口好不容易可以聚在一起，但飯後說不到幾句話，夫妻倆又各自返回他們的電腦前面幹活去了。終於盼到了假日，卻不是兒子得陪媳婦回娘家，就是他又必須出差到國外，整天來匆匆去匆匆的，難怪根本沒有心情、時間和機會可以生小孩，看來抱孫子的夢要提前破碎了。

終於有一天，她給兒媳婦留下一封短箋，上面寫著：我將回到我熟悉的老社區，有空你們可以再來看我，和你們住在一起的這段期間，我感到很幸福，只是太寂寞了，別擔心，我會照顧好我自己。

相依為命的婆媳

她的命運十分坎坷，不但幼年喪父、中年喪夫，而晚年竟然還喪子，每個人談論起她的不幸遭遇時，都不禁會為她的歹命而唏噓不已。

但她和媳婦不向命運低頭，兩人相依為命，咬緊牙關，並把吃苦當作吃補，完全不在乎別人的歧視或異樣眼光，一起努力把三個孫子教養成人，終獲頒政府的模範母親之表揚。她們從來不知道什麼叫名牌的衣服或皮包，也不知道辦護照是為了要出國。

由於她們婆媳的婦德和孝行獲得各界熱烈的迴響與關懷，因此有廠商願意提供她倆各一個名牌皮包，還有兩套名牌服飾，旅遊業者還主動送她們兩張免費旅遊日本的來回機票。在驚訝和開心之餘，婆媳兩人卻共同做了個讓人覺得太不可思議的決定，就是她們很靦腆地私下問了廠家和旅行業者，給她倆的這份貴重禮物可不可以直接折現？

當婆媳兩人從一大疊的千元鈔票中小心翼翼抽出兩張來，買了兩張高鐵票，就算是已圓了她們旅遊的夢，對她們而言，能在自己的國度裡搭上時髦的高鐵，就是最大的幸福和喜悅了。

薑是老的辣

這個個案的女主角，她算是我見過最無厘頭但卻相當有智慧的婆婆，當她知道兒子有外遇，還打算要和媳婦離婚的時候，她問她兒子的問題不像一般的母親：「你到底是要你的妻子，還是外面的那個女人？」她問的卻是：「你到底要選擇外面那個女人，還是要我這個媽？」她兒子選擇沉默。

兒子和媳婦辦好了離婚手續之後，隔天一早她立刻下馬威，並非常有效率地，把屬於兒子的東西一件都不留地打包好，不管三七二十一，就叫了搬運工人直接送到兒子和外遇對象的住所去。

同時告訴媳婦說：「妳我兩人情深，妳就像是我自己的女兒一樣，今天是我兒子對不起妳，所以由我來替他贖罪，今後妳就把這裡當作另一個娘家，我是絕對不會讓妳搬出去的，直到將來，妳另外找到了對象後，我再把妳嫁出去。」

果然薑是老的辣，不到半年的光景，她兒子終於知道自己被騙了，原來外遇懷孕是假的，而要他離婚才是真的，若不是他老娘設下埋伏，找了徵信社調查，發現原來兒子的外遇對象被前男友甩掉後，早已經懷有身孕了，於是她利用工作職權的關係，誘姦了她兒子，並威脅她兒子必須為肚子裡的孩子負責，若不從，將會令他身敗名裂。

當她兒子向媳婦懺悔、告白真相後，事情的發展卻出乎意料，因為當媳婦選擇了寬恕前夫，但婆婆卻不同意，婆婆還建議媳婦一定要利用自己仍是離婚的身分，再去結交或認識其他的男人作為比較，如果最後覺得還是前夫比較好的話，才能原諒他，再重新辦理結婚登記。否則，她擔心媳婦的心中永遠會留下外遇的陰影和心理上的不平衡，她更強調寬恕必須是由衷做起，而不是因為一時的同情才答應的，萬萬沒想到母親竟做出這種莫名其妙的建議，令兒子雖然很不滿意但也不敢抵抗，倒是媳婦跟婆婆撒嬌地說：「媽，真的謝謝妳的好意，但打從結婚的那天開始，我就很清楚我這一生只跟定這一個男人，可是，我雖然愛我的丈夫，但我更愛我婆婆。」顯然不是每一個騎掃帚的巫婆都是可憎的。

當個不完美的婆婆

結論是，**與其要當個人們心目中表相的好命婆婆，倒不如學習如何當個有智慧的婆婆來得更踏實。**

首先是觀念的問題，**只要想到自己選的丈夫和己出的兒女都未必能盡如己意，怎麼能夠期待別人家的女兒？**只因對方和自己的兒子結了婚，身分變成了媳婦，就能一蹴可幾地達到婆婆滿意的程度，這簡直比登天還要難。

接下來是對於新進門媳婦的態度，對待這位即將成為家庭成員的家人，要像老樹幹在接新枝時，特別給予環境上的保護和較長的適應時間。

由於每個人在原生家庭的生活習性都已經根深柢固，因此若要讓對方有落地生根以及入鄉隨俗的意願，負責教導任務的婆婆就要更有愛心和耐性。

雖然說「知性可以同居」，但到底婆媳之間有輩分的關係和代溝存在的事實，因此，良性的溝通就變成非常重要的工具，婆婆盡量不要用權威的口吻來命令和斥責，免得媳婦拿婆婆來和自己的母親比較時，就會覺得自己處處受委屈了。一旦婆婆遇到媳婦無禮的頂撞和衝突時，這種情形如果換成是自己的女兒，很可能不是一巴掌打過去，就是臭罵個半天，但對於媳婦則千萬不可，**切記：媳婦和女兒間最大的不同，就是媳婦會記恨**。因此不妨先讓自己深呼吸，而同時也針對衝突的癥結，**反問自己三個問題：這件事情有這麼重要嗎？這件事情真的有這麼急嗎？這件事會死人嗎？**假如答案都是否定的話，那麼就可以消氣了，因為不值得。

女性在當了婆婆以後，就失去了自我，是最得不償失的消耗和損失，在西方國家的觀念裡，子女超過二十歲就算是獨立成年人，因此必須離家自己去奮鬥，而在父母的心目中，他們必須為自己的行為負責任，因此很少會像亞洲的父母親不但會為成年的兒女安排婚事、買車、付房貸，甚至無條件像保母般，還幫他們帶小孩。

最好笑的是，當這些奴性堅強的婆婆在面對媳婦的時候，都表現得十分賢慧，但背地裡卻頻頻找閨蜜好友吐不完的苦水，當聆聽者反駁她們時，她們的口徑卻又一致，無奈地回答：「妳以為我喜歡呀，不就是捨不得兒子辛苦，更捨不得孫子沒有人帶嘛！」典型的只會在討好中妥協，卻不知道自己到底要什麼？

以我個人的經驗分享，依我的外表給人的刻板形象，應該是屬於強勢和掌控型的婆婆，我也從來不否認我的脾氣大、性子急，但明理、慷慨和幽默也是我的優點。

不要執著當個傳統的婆婆

我在對於子女的教育方針上面，注入了民主精神：一，希望我的孩子能夠有自由選擇婚姻的權利，因為選你所愛而愛你所選的婚姻，姑且不論能否走得長遠，但至少當下是幸福的。二，希望能夠給孩子選擇職業的自由，人的一生都需要靠工作換取收入，因此能夠樂在工作中也是種無形的幸福。三，是讓孩子有選擇價值觀和信念的自由，包括政治及宗教信仰等。

所以當四十歲的兒子告訴我他已經找到結婚的對象時，他有點擔心我會反對，當下我跟他撂了句英文：「So what?」接著，我就請兒子和女友在一家高級的西餐廳用餐，我只是想當面再確定他們彼此是否真愛？他們都點頭示意後，我立刻伸出雙臂表示恭喜和祝賀。事後兒子告訴我，當晚準媳婦才走出餐廳門口，轉身就抱著他大哭了，因為她太激動和感動了，沒想到會這麼容易，才只見過一次面就可以馬上通關。不少朋友認為我也算是個名人，要娶媳婦或嫁女兒的對象應該都會先要求門當戶對才是，通常對於這樣的質疑，我都會回答：「我和我的親家們的確都是家世清白的門當戶對。」

因為是獨生子，所以兒子和媳婦希望婚後可以跟我住在一起，方便孝順我，但是我婉拒了，並告訴他們我已經習慣獨居了，再加上我還沒有退休且冗務太多，恐怕會影響彼此生活起居的時間而感到不自在。尤其**新婚夫妻更應該要有自己的空間，先去培養兩人婚後的情感和彼此適應、瞭解的能力**。

我告訴媳婦，我個人一向主張女人應該比男人更瞭解女人，而且如果我們**要做長久的家人，一定要先坦誠相對，千萬不要扮演雙面人**，因為真的假不了假的真不了。我也告訴兒子，對於我們的婆媳關係要有信心，除非必要，否則不用太過介入，免得陷入裡外不是人的困境。

託天之福，溫順乖巧的媳婦和我的感情一天比一天更好，當她告訴親朋好友：她很幸運能成為我的媳婦，而且她認為我是她的再生父母時，我真的深感欣慰，同時也感謝老天。

我不知道我算不算是好命的婆婆，但我很享受擁有兒子媳婦和女兒女婿——他們都表示很愛我的歲月。

媳婦在想什麼？現代媳婦眼中的惡婆婆、巫婆和臭毒菇

說到底，媳婦看婆婆不順眼，最大問題就是沒有接納對方成為自己的家人。但婆婆本來就不是媳婦的媽，如果婆婆本身又作風強勢、超愛嘮叨、傳統思想重又很迷信，就會變成媳婦眼中的太后等級的巫婆。而眾大姑小姑之所以變成臭毒菇，也常常是幫親不幫理所造成的，或是以超高標準看待弟媳的一言一行。

不要說是現代，即使包括古代的女性，如果可以選擇的話，都希望能找到一個有錢的丈夫，不但要溫柔體貼而且永遠不會有外遇，最重要的，他若是個孤兒那就更加分了，因為在婚姻中可以不用面對婆媳的問題，那該有多幸福呀，可惜這種天方夜譚出現的機會可以說是微乎其微，因此請別做白日夢，還是趕快面對現實吧！

扮演好各自的角色，不要苛求對方

為什麼婆媳問題總是像章回小說一篇又一篇的，令人驚心動魄、沒完沒了似的，而且多半總是以悲劇收場。其實婆婆和媳婦之間，這種因身分背景差異且跨越時代的女人戰爭，之所以會永不止休地繼續存在，說穿了，它只有個很平凡的理由，就是**為人母的婆婆割捨不下對兒子的情愫，而身為媳婦的妻子只想要全部佔有及掌控丈夫的感情**，雖然彼此都是以愛自己所愛的男人為前提，可惜每個人因為立場和觀念的不同，導致在權力慾望面前也就只好各顯神通了。

站在媳婦的觀點來看婆婆，她會認為婆婆妳既然曾經做過人家的媳婦，如今好不容易變成了婆婆，理當會痛定思痛，而做到己所不欲勿施於人的典範才對，怎麼會反而變本加厲，處處找我的麻煩呢？而且妳的兒子已經成家立業，並且和我結婚了，妳不是就應該要學會放手？

換成婆婆的角度，則認為現代的媳婦怎麼會如此白目不懂事，且完全不受教？比起她們從前當媳婦的歲月所受的待遇和委屈，顯然已有了天淵之別的進步，可惜對於現代媳婦而言，仍不滿足不知珍惜。

婆婆感慨萬千之餘，心想：如果換成妳是我婆婆的媳婦，大概早就逃之夭夭了。何況雖然我兒子已經和妳結婚了，可是我就是害怕妳根本不懂事，連自己都照顧不好，怎麼還有能力來幫我兒子？所以我才不敢馬上放手，希望能先把妳教會。

經營婆媳關係，別讓男人插手

儘管在媳婦的眼中，婆婆只是個過氣的老女人，可是她是丈夫的母親的事實始終都存在，且或多或少還是具有一定程度的影響力，因此看在婚姻還要繼續維持也不想馬上就離開老公的份上，只好對婆婆採取忍耐和包容。

一般媳婦最受不了的就是婆婆凡事管得太多，要求太多和破壞性太強，像是集教官、警察和調查員於一身的惡婆婆。不但已介入他們夫妻的生活空間，而且也會影響到夫妻間的感情和信任，另外有些婆婆有心事或對媳婦不滿從不直接表達，反而會選擇在背後數落或私下跟自己的丈夫抱怨，然後再由丈夫出面來質問她，導致媳婦更是不爽。而類似的問題經常變化多端，在不知道婆婆到底要什麼，也不知道該如何著手的情況下，可能就是屬於媳婦眼中的巫婆吧。

可是對於婆婆而言，她會覺得媳婦到底不比自家的女兒，因此說話不能太隨便，免得雞同鴨講，或者被誤會成指桑罵槐，在這樣的情況下，可能彼此的誤會越來越深。

但若老是必須戰戰兢兢，或客客氣氣地對媳婦說話，對於數十年來發號施令、管教子女的方式已經相當習慣和有經驗的婆婆而言，很多話不能也不敢直接講，其實也是相當令人氣餒和很沒有尊嚴的經歷。因此與其怕得罪媳婦，須一再地偽裝和矯情下去，且還未必能達到預期的效果，反而極有可能會被媳婦打臉，惹來扭曲或嫁禍的危險，因此，還不如乾脆透過兒子去反應和轉達。

偏偏身為兒子和丈夫之間的這個關鍵男人，就算懂得媽媽的心意，未必就瞭解妻子的本意，而猜得著母親的意思，卻也沒有把握妻子會照章全收，因此常常為了不想給自己惹麻煩，也不想管家裡這些女人間的問題，若不是採重點式的轉達，就是完全言不及義，因此非但於事無補，往往只會強化了不必要的是非和追究。

所以**婆媳之間的問題千萬不要找他，這個男人雖然是關鍵人物，但只要他真正出手，結果只會讓事情更加複雜**，因為對他而言，婆媳的問題是個無解的無頭公案，而若由他出面來解決，則常容易以鑽進死胡同的方式進行。

如果是夫妻感情不佳的話，他就會對妻子說：「換妻如換衣，隨時都可換，但世上母親只有一個。」如果他與母親的感情較疏離的話，就可能投靠妻子這邊，他就會跟母親說：「難道妳希望我跟她馬上離婚不成？當初還是妳催我結婚的，妳現在到底要我怎麼樣？」

當哥哥或弟弟特別袒護自己的妻子時，認為母親受了委屈的自家姐姐妹妹們，就會主動站出來想替母親討公道。站在媳婦的立場會認為：不論是大姑或小姑，都已經是嫁出去成為外姓氏的人了，豈可再回娘家來多管閒事和添麻煩？甚至大喇喇地當起了仲裁和裁判。

當丈夫一看到母親和姐妹們聯手起來對付自己的妻子時，通常不會先找妻子私下去檢討事由，反而會有憐憫弱勢的心情，並顧及自己的面子，情緒一擁而上。於是事情爆發的衝突面開始擴大，加上妻子在旁委屈般的申訴和哭鬧，展開的親情大戰有可能就此一發而不可收拾。最後鬧到兄弟鬩牆、姊妹翻臉的也時有所聞，甚至從此老死不相往來也不稀罕。

因此古人才會說，娶到好媳婦家和萬事興，而娶到壞媳婦則家破人亡無人知。

大姑小姑為什麼會被戲謔成為臭毒菇？

因為通常她們跟媳婦是同輩，而且年齡也差不多，既然同屬年輕的世代，當然吵起架來不但口無遮攔，更是百無禁忌，尤其是舉著為母伸張正義的旗幟，果真是雖千萬人吾往矣的氣勢。也許趁此機會可以為母親討個公道、出口氣，但後遺症的代價則是：受辱後的媳婦不可能再待在這個家，她一定會想辦法慫恿丈夫離開婆家自立門戶。

要等事過境遷後，婆婆或許才會有失去夫人又折兵的懊惱，或是已經中了媳婦的反間計，徒生無奈和感慨。但如果婆婆沒有承擔的勇氣，反而回過頭來怪自己的女兒多事，結果大姑小姑們不但成了兄弟的眼中釘、媳婦的心頭恨，還是母親的麻煩製造者，完全得不償失，又成了裡外不是人的代罪羔羊。

因此，奉勸天下大姑小姑，看待妯娌間人際關係的最好方式，就是保持距離以策安全，只要學習當個好的聆聽者，而不要隨便發言，妳既不是故事中的主角，也不是當事人；因此，她們婆媳之間的恩怨情仇縱然已經攪亂了一江春水，也不干妳的事。

第 2 篇

婆媳之間，談錢傷感情？

如果一定要住在同一屋簷下，該怎麼計算媳婦的生活費？

談到錢的時候，大家常常忘了將心比心，尤其是跟公婆一起住的媳婦，通常都是因為經濟有問題，買不起房子、付不出房貸，才會選擇跟長輩一起住。生活上的開銷，常讓兒媳為了「該付多少錢」而心有怨言，或是覺得「付錢就是養婆婆，為何還要家事全包？」

春天的老宅

春天（化名）的婆家共兩兄弟三姐妹，她的丈夫排行老三，從小身體較差，所以婆婆對他特別關照，公公為人作風比較傳統，所以婚前就告訴兩個兒子：以後結了婚，兄弟倆必須住在一起，而且選媳婦的條件之一，必須是職業婦女，由於兒媳婦們在結婚前就知道這個條件，所以在心理上也都有了準備。她們與公婆住同一屋簷下，並不需要付房租，但每戶每個月必須交給婆婆兩萬塊錢的生活補貼，由婆婆全權負責所有的食物及日常用品的採購。至於各戶各別的公關或娛樂費用，則自行負責，但全家每一兩個月會事先規劃好到郊外旅遊或聚餐一次，每次的花費由五個兒女和兩個媳婦共同分攤，而且輪流主辦，未結婚的女兒每人每個月也要定期繳納一萬塊錢給婆婆。

春天在社區大學兼職時，她是以非常感激公婆的心情來分享，因為她從這樣一個公平而有原則、有家庭財務和經濟規劃，而且非常團結和有效率的大家庭裡，學到了很多做人處事的態度，尤其她特別感謝因為有婆婆做為後盾，才能夠讓她完全沒有後顧之憂，在職場上打拚。

後來因為春天的大伯高昇，調職到外縣市，公婆拿出部分儲蓄來替他們付了頭期款，同時在當下，也讓長子簽下同意書，把祖宅讓渡並過戶給了弟妹春天，附帶決議是：除非二老均不在人世間了，否則不得隨意變賣。

春天說她的公婆已經去世多年了，而她也從工作崗位上優退下來，雖然丈夫因為體弱多病不幸早走了，但很高興她仍能守住老宅，最開心的莫過於大伯大嫂還有已結婚成家的大姑小姑，都對她們一家子非常的照顧，而且大家依舊維持著公婆傳承下來的家庭文化，每月聚餐一次，而兩三年一起出門旅遊。

家庭主婦梅香

梅香（化名）婚後就一直和婆婆住在一起，因為丈夫的收入沒有很好，偏偏她又接二連三地生了三個小孩，所以根本沒辦法外出工作，而只能在家裡當個家庭主婦，反倒是婆婆一直都是個稱職的職業婦女。

有時候她也會自卑而覺得慚愧，不但無能孝順婆婆，反而還得靠她才有一片瓦來遮身，但婆婆總是回她：「妳已經夠了不起了！因為有妳幫我生了三個金孫，這是家財萬貫也不一定買得到的至寶，而且也因為有妳，才能讓我真正享受到三代同堂的樂趣，人生錢夠用就好，有我在，妳這方面就別操心了。」

先生和小姑給的家用費

芊芊（化名）結婚後，除了和公婆同住外，還有兩個小姑也住在一起，丈夫每月都要繳給婆婆兩萬五千元，而兩個小姑每人卻只需繳五千塊錢，她對於這件事情其實心理上有些不平衡，因此找個機會問她丈夫：不是說兩性平權嗎？為什麼公婆會如此偏心？

丈夫笑著回答她說：「妳錯了！我的兩個妹妹才吃虧哩，她們每個月繳的等於是伙食費，而我們繳的是房貸，也就是說爸媽以後打算把這個房子留給我們，別忘了量大積福！妳要對我那兩個明知父母偏心卻不計較的妹妹好一點。」

●　●

共同負擔家計，彼此都舒坦

和家中的長輩同住一屋簷下，目前民法上並沒有什麼明文規定或強制性的給付。

「要不要」及「應如何付費」都還是得看個人的能力和誠意，**天下沒有白吃的午餐**，自己的父母親應該也不例外，**何況妳在外面也需要付房租和伙食費，而這些都是原本就需要的預算**，因此一旦出了社會，工作上有穩定的收入後，就應該主動提出來跟父母商量，這也是自重和回饋父母的責任感。

尤其是婚前不得隱瞞，一定要讓準備結婚的對象瞭解實際狀況，並獲得她的同意，否則未來會令事情變得更複雜和棘手。

如果跟兒子媳婦分開住，該跟兒子伸手要「孝親費」嗎？

曾聽說過孝親費造成兩家人決裂的新聞，讓「孝親費」這三個字變成兒媳的「內傷」。這個問題源自於「養兒防老」已經不符合時代潮流，但上一代人常陷在「養兒防老」的執著中，過度付出，忽略「養錢防老」的規劃。

有不少的父母親會認為：如果跟兒子和媳婦分開住的話，還要主動跟他們開口要孝親費，簡直有點像乞丐在討食般，沒有尊嚴；可是孝親費不拿卻又有點不甘心，因為好不容易才把兒子辛苦栽培養大，完全不知道要先回饋父母，卻把所有好處都送給了外來的媳婦享受。

我從小就教導小孩：受人恩惠不管大小，都要永銘在心，但是給人恩惠卻要學會當下就把它給忘了，尤其人情不可討，一旦討了，情誼就變薄了，若一而再再而三地討人情，不但對方完全不會再領情，反而心生怨尤。所以情字之可貴就在於相知相惜，且不計前嫌。

父母親養育和栽培子女都是出自於義務、責任和自願，因此沒有什麼人情可討，也只能期盼子女們懂得父母的用心良苦，而能主動樂意地回饋，並且是出自於天性的孝心。

何況兒子和媳婦結婚以後，他們就有了屬於他們自己的新家庭，一切都得重新開始，必須雙方攜手一起努力打拚，才能夠有所成就。例如：兒媳們努力的目標是為了要買車、買房、定期出國旅遊，而且小孩子要念私立學校，除非對財務收入和支出的分配很有成本和預算概念，否則表面上看起來很風光得意，事實上捉襟見肘或寅支卯糧的窘境，唯有夫妻倆關起門來才知道。

因此，**父母親要不要跟分開住的兒子媳婦拿孝親費？是要視彼此的情況而定，同時也要配合兒媳的意願，才能皆大歡喜**。俗話說：有誠意的話，喝水也甘甜，沒有誠意的話，即使滿漢全席也食之無味。因此當兒媳給父母的孝親費不是很大數目，或者跟你心目中的期待有落差時，也請千萬不要當面表示嫌棄；如此一來，不但兒媳會覺得父母親不僅不懂得體諒，反而會對貪得無厭而感到心寒。

西方的親子文化和親職教育裡沒有「孝順」這兩個字，而是用愛與包容來取代，其實孝道乃中國儒家思想的遺毒，所以到了現代才會有些思想較先進的學者們提出，孝順父母已屬特異獨行，而不孝順父母也非大逆不道。

其中還有一個差別就是來自於社會結構性的不同，西方的父母親大多數都有自己的晚年生活規劃，也從來不會幻想可以依賴兒媳照顧終老的期待，而且在社會福利好的國家，其對老年人的長照實務已是政府部門責無旁貸的義務與責任。

以上言論並非危言聳聽，而是希望能夠提醒有智慧的父母親：**不需要把自己全部的生命、體力、精力、財力和努力全都投資在兒女的身上**。由於過度的付出，就會希望至少有所回饋，也因為回饋和你付出的代價常不成比例，才會顯得痛苦、不安和懊惱。古人說得好：兒孫自有兒孫福，莫為兒孫作馬牛。

媳婦花錢，妳會看不慣嗎？

結婚看似是兩個人愛情的結局，但其實結婚這件事牽涉的是兩個家族的事。如果是跟公婆一起住的媳婦，勢必會面臨「婚後經濟自主權歸誰？」的問題。甚至有些婆婆會覺得「媳婦既然會賺錢，理所當然應該要多分擔家計」，因為「全家就是妳家」，所以「夫家有權支配媳婦賺的錢」，如果家庭成員有困難需要調頭寸，媳婦也是提錢的金庫之一。但平心而論，談錢總是傷感情，親兄弟也要明算帳，所以在應該負擔的家計之外，做婆婆的是否可以要求媳婦掏錢出來？完全要看媳婦本身的意願。

妳憑什麼花我兒子的錢？

相信許多的婆婆看到這個題目都會說：媳婦花她自己的錢，我怎麼會看不慣？但如果媳婦花的都是我兒子賺的錢，而且還隨便花的話，我當然會看不慣囉。可是話說回來，婆婆看不慣媳婦花錢又能夠怎麼樣？換個角度想，**身為婆婆的妳，自己的丈夫賺的錢不也都是讓妳花嗎？男人在外面打拚不就是為了讓妻子兒女可以榮華富貴嗎？**所以兒子賺錢給媳婦花，這也沒有什麼不對的地方，不是嗎？

也許現在的婆婆過去曾遇到非常節儉或小氣的婆婆，所以從來不敢亂花錢，或者根本自己手頭上從來就沒有掌握過經濟的自主權，因此在這種情況下，發現自己的媳婦花錢如流水的時候，心裡難免會不痛快又心疼。

身在這個快速又高度消費的月光族（每個月薪水花光光）的世代裡，通常年輕人他們不會把人生想得太遠，所謂的活在當下對他們而言指的是：今朝有酒今朝醉，不管明日是和非，似乎即時行樂才能修得正果。

當這樣的價值觀充斥著整個社會，很自然就形成了流行的次文化，逼現代婆婆不去面對、調整和接受都有點困難，何況亂花錢的定義也很難有具體的標準和內容，除非發現媳婦購物成癖到了病態的狀況，必須找專業醫生外，即使如此，也應由她的丈夫出面處理，所以還是要奉勸做婆婆的：選擇眼不見為淨吧！

金錢，常常是彼此情緒宣洩的管道

我有一個相當摳門的老朋友，若用家財萬貫來形容她的財富一點也不為過，只是跟她提起捐款做公益時，通常都得遊說了老半天，等到我不耐煩快翻臉了，她才神情為難地從皮包裡抽出一張千元大鈔，還要跟我一再地討人情，表示如果不是我出面的關係，她連一百塊錢都不會出。

結果有一次她到了兒子媳婦的家，走進了媳婦的更衣室，順便打開櫥櫃瀏覽了一下，才意外地發現，她都還在買市場攤販上幾百塊錢一件的廉價衣服，可是媳婦的衣服幾乎都是進口的，而光是名牌的皮包至少就有二、三十個，看得她當場只差沒有立刻暈厥過去。但也只敢生悶氣，在媳婦的面前她連個屁都不敢放，媳婦不但強勢，而且打臉她的時候根本不在乎有沒有外人在，更不在乎她是她的婆婆。她媳婦最出名的一句話就是：「我老公沒有我哪有今天，我不花他的錢，難道要留給其他的女人花？」

誰才是家裡的女主人？

我的另外一個朋友，她就懂得很有技巧地說話，每次當她媳婦又拿著新的名牌包在她面前炫耀，她就直接打電話給兒子說她也想買個包，兒子二話不說馬上請秘書送張支票給她，因為她沒有跟兒媳住在一起，所以兒子完全沒有察覺她從來沒有去買過包，而是用兒子的名義，把錢分別捐給媒體報導需要救援的個案或弱勢的公益團體，她還詼諧地自我消遣：「反正我兒子拚命地賺，而我媳婦不眨眼地花，所以我也來軋上一角，有空就捐吧！」

總之，關於媳婦花錢，婆婆最好是用平常心看待，媳婦有錢花不就表示兒子的事業是成功的嗎？應該與有榮焉才對，何必看不慣呢？

媳婦是不是應該出錢孝敬妳？

傳統觀念中，媳婦嫁了過來就是夫家的人，所以就算夫家經濟情況好，但做媳婦的還是不應該拿錢接濟娘家。臺灣人常常卡在這種婆家和娘家之間，公不公平的問題，如果娘家有男丁，做媳婦的拿錢回家孝敬父母就更是罪大惡極了。雖然大家都知道現代人生活不容易，養兒已不能防老，但臺灣人就是會卡在傳統和新趨勢中。

媳婦其實沒必要孝順妳

這個問題不是「應不應」而是「機率大不大」，如果指望媳婦會主動定期出錢孝敬婆婆，那麼情況大概只有兩個：若不是同住在一起必須分擔、補貼伙食費，要不然就是婆婆幫媳婦托兒的代價，另外就是兒子要孝敬母親，而透過媳婦代為處理。

媳婦如果有私房錢的話，會孝敬的對象也是她娘家的母親，而不是夫家的婆婆。但如果婆媳之間關係好的話，每逢婆婆的生日、母親節或過年，做媳婦的大概也會主動禮貌性地包紅包，或購買禮物作為孝敬的表示。

透過我的臉書，有位網友問說：當她的丈夫要求她每個月必須出三千塊錢給她婆婆時，她心理上很不能平衡，於是反嗆：「為什麼是妳媽而不是我媽？我如果要孝敬，對象也是生我養我對我有恩的母親，而不是沒有什麼感情的婆婆，難不成只因我們結了婚？」

理論上，這樣的說法並沒有錯，可是**大家在婚姻中都疏忽了戀愛是兩個人的事，一旦結了婚，牽涉的層面已是兩個家族以上的事**。

婚後，才是親情大考驗

有不少的男性在婚前對女友表現得唯唯諾諾，但結了婚以後，馬上就以大男人主義的姿態出現，也有不少的女性為了爭取到對方同意結婚，而什麼事都願意配合婆家，可是等到結婚後，只要稍微不能稱心如意，就大大小小的事情都拿娘家來和婆家做比較，而且動不動一生氣就往娘家跑，還繼續在耍婚前的小姐脾氣，非得要丈夫先認錯道歉後，再去接她重返婆家。

但通常這種戲碼演多了只會得到老公的一個冷冷的回應：「妳知道地址，自己搭公車或計程車都可以回來。」如果還不知趣，不懂得給自己找臺階下的話的再繼續拿翹的結果只要超過一個星期或半個月後，緊張而急著要把妳送回婆家的，恐怕會是娘家的人了。

當娘家的人看到妳在婚姻中受到委屈，通常都會給妳安慰和鼓勵，甚至父兄們還會拍胸脯嗆說：「沒有問題，大不了回來，我們會養妳。」但這些都純屬一時情緒上的氣話，千萬不要太天真而當真，除了少數的案例外，否則一般的娘家對於嫁出去的女兒，通常在心理上都存有「救急不救窮」的底線。

多少離過婚的女性回到娘家後，真的需要家人伸出援手的時候，那種冷暖人情的滋味，恐怕只有真的體驗過的人才能瞭解。

結了婚以後，**由娘家到婆家的過程，在角色扮演上的轉換和適應如果沒有拿捏得好，常會因小而失大。**

晚輩不奉養家中的老人嗎？

三千元並不算多，但如果在心態上沒有辦法接受的話，就會變成是一個非常龐大且有壓力的數目。事實上，妳表面配合拿三千元給婆婆，而只要自己能力上夠的話，私下再多給妳母親五千元，如此一來，在心理上不就能夠平衡了嗎？**其實很多的女性也未必就真的那麼孝順自己的母親，只是因為太討厭婆婆，而拿它來當代罪羔羊罷了。**

明理的婆婆只要想到自己親生兒女都未必真的會孝順，怎麼能夠要求媳婦這個別人家的陌生女兒會來孝敬妳呢？**與其希望媳婦能來孝敬妳，不如妳先少為他們做牛做馬的付出，而改換成自己孝敬自己，還比較輕鬆愉快。**

如果幫兒子買房，該不該自由出入兒子的家？

就法律層面來看，住在房子裡的人才是屋主。大多數人結婚後都想過二人世界，即使房子是長輩買的，但也不希望自己的空間被人侵占了。如果覺得家人比較重要，不妨放下長輩的姿態，尊重彼此的生活方式，不要讓兒媳有藉口遠離家中的長輩。

答案當然是「不可以」，很多人都會覺得既然是自己人就可以不拘小節，事實上「禮不可廢」，否則全部都亂倫了。相對的，**雖然出錢的人是老大，但並不代表就可以為非作歹、唯我獨尊或自以為是。**

很多家長都沒有民主的素養和風範，甚至不知道什麼叫做對基本人權的尊重（至少包括與生俱來的生存權、自由權、財產權、尊嚴權及追求幸福的權利）。例如在家時，為了要監控孩子的行為，從孩子小時候，就養成不敲門直闖進去孩子房間，來個突擊檢查；或是趁孩子不在的時候，偷偷摸摸地進去房間，翻遍了所有抽屜和衣櫃，看能否找到一些端倪。**身教重於言教，沒有比信任和尊重更來得重要，否則產生不必要的後遺症，總是令人遺憾。**

尊重晚輩的私人空間

我有一位好朋友就因為她太在意獨生子的生活起居，不但每天照顧得無微不至，甚至把兒子當成嬰兒一般，時時刻刻都隨興打開房門，給予噓寒問暖，搞得他兒子不耐其煩，決定搬出去在外面租房子住。

這下子，做母親的更緊張了，於是馬上為兒子買間套房，從此每天利用兒子上班的時間，煮了一大堆食物，然後大包小包拎到他的住所，並開始像盡職的女傭般，替他洗衣服、換床單、拖地板和洗碗盤，總而言之，非得把兒子的房間打掃得乾乾淨淨，她才肯放心離開。儘管兒子對於在完全沒有告知的情況下，三不五時母親就會出現在他住處的作風，頗不以為然，可是愛子心切的她才不會在意兒子的反彈，照樣我行我素。

直到有一天，他兒子下班回來後打開冰箱，發現他和朋友們花了好長時間共同研發出來的電子程式的隨身碟竟然不見了，才發現原來母親在幫他清理冰箱的時候，把它當成垃圾給丟了。

當天他兒子立刻就搬家，而且從此不讓他的父母親知道他住在哪裡，過了一段很長的時間，才慢慢稍微釋懷，儘管如此，除了週末偶而參加家庭的聚會外，即使出來吃個飯，也馬上就匆匆離開，深怕家人會跟蹤到他的住處。

這種失去唯一兒子信任感的挫敗情況，著實令她耿耿於懷，但又奈何？誰叫她不知道自己兒子長大了，比起小時候更需要隱私。

不要用房子勒索家人

即使是父母親出錢買房子給兒子，但假如長期住進去的人只是兒子和媳婦的話，就要尊重他們才是房子使用權的主人，而且雖然是父母親要去拜訪兒媳，也應該先預約，並依照兒媳同意的時間再前往，否則莫名其妙地突然駕到，可能就會造成很多不必要的誤會和尷尬。

曾經就發生過父親要找兒子拿東西，結果也不管裡面有沒有人，就直接開鎖進去，尷尬的是媳婦那天剛好沒上班，自在地在家裡只穿一件小內褲，突然看到公公莫名其妙地走進客廳，嚇得媳婦驚慌失措，而不知道該如何自處是好。

我的一位醫生朋友在演講時就曾公開分享他性功能障礙的原因，竟然是來自他青少年的不愉快回憶。當他念高中的時候，有一天，他的母親不敲門就突然衝進他的房間，而當時他正在手淫自瀆中。從此他無法再跟女性朋友發生關係，因為每當緊要關頭時，母親的臉龐就會浮現在他面前，而令他性趣缺缺，且成了無法擺脫的夢魘，直到他認識也是行醫的妻子，在她的協助下，才慢慢走出陰影。

民主不是放任，而自由也不是無限上綱，買房子給兒媳，相信他們對父母親的厚愛是心存感激，而且非常歡迎有父母親蒞臨的機會。當父母親跟他們同住在一個屋簷下時，因為心理上都已經有了準備，當然可以自由進出，但仍有個前提，就是要尊重彼此的隱私，而且**要去兒媳的住處之前，必須先取得他們的同意，否則雖然有免費的房子可以住，但對他們而言卻有如驚弓之鳥，完全沒有居家隱私的尊重和安全感**，尤其對於媳婦而言，跟公公婆婆的相處到底不比自己的父母親來得自在，與其要經常受到這種無形的壓力，還不如租房子算了，至少房東也不至於會如此隨便和不尊重。

在這裡順便分享一個作客的基本常識，尤其是在國外，如果你到朋友家去作客的話，當然分為正式或非正式，但不論如何，假設主人邀請你的時間是七點，那麼你抵達後，下車到去按門鈴的時間最好是掌握在六點五十分到七點整的中間，千萬不要像在臺灣有人受邀作客時，明明主人說的時間是七點，結果經常有人會提前半個小時甚至一個小時前就到了，理由通常都是熱心，希望早點到可以幫助主人分擔些工作。殊不知，如果主人需要你的幫忙，他一定會提前告訴你，如果主人沒有特別指示的話，就不要提前到太早到，因為最後的那個半小時，就是男主人跟女主人對派對場地布置的最後巡視，也是他們要化妝和換衣服、準備接待客人的最後步驟，因此，如果你提前太早到的話，主人不得不抽空來歡迎和接待你，如此一來，反而造成他們的不便。

如果兒子開口要求金援，妳該幫忙嗎？

世事變化大，「養兒防老」已成拖累下一代人的傳統觀念。不論孩子孝不孝順，獨生子女多，下一代人單身的也不在少數，「養兒防老」讓彼此都痛苦，似乎已有毀了兩代人的趨勢。尤其不孝子揮霍父母養老金的例子層出不窮，還是奉勸天下父母，莫為人父母就忘了自己，樂享晚年的大智慧在於好好規劃自己的退休金。

養老靠年金比較實在

由於東西方文化的不同，因此在觀念上也就出現了很大的差異。對西方人而言，他們會認為兒女獨立以後就應該去發展他自己的人生，父母親認為他們對兒女的責任只到他們二十歲，在金援方面最多只幫助他們念完大學，原則上他們就不再過問孩子的經濟來源，而西方的子女也都養成在成年以後，不再當媽寶，否則是會被恥笑的；因此不論是打零工或是兼很多差事，都為了表現自己是個人格和經濟都已經能獨立的社會人，所以他們即使遇到經濟上有困難或危機的時候，也很少會回去找自己的父母求援，而多半會向朋友或銀行借貸。在西方社會，或許沒有孝順的這個觀念，可是年輕人在金錢上也普遍不會給父母親找麻煩，再加上西方的所得稅很高，假設有一百塊錢的收入，將近百分之四十~五十的收入是必須繳納給政府作為稅金，因此在有限的資源下，每個人都是靠精打細算在過生活，當然也就沒有多餘的錢可以讓子女去揮霍。所以很多西方的老人他們會有自己的規劃，把儲蓄下來的錢幾乎都花在自己的身上。除非是有錢的人家，或許還可以留下遺產分給子女，否則一般的人都只會留下一些紀念品而已，甚至有的人基於遠親不如近鄰，而不會把遺產留給子女反而捐給了教會，他們會覺得，社區和教會的人們平時對他們的關懷遠勝過感恩節或聖誕節才會見到面的子女。

或許已經成為他們世代傳統文化的一部分，所以大部分的子女也不會期待能從父母親那裡得到遺產。

不要成「孝子」，學會規劃自己的人生

反觀近年來國際局勢的瞬息萬變，臺灣在面臨中國政權的打壓下，國際地位有被邊緣化的危機，間接影響到臺灣經濟的發展，加上國內稅制和社會福利結構不夠完善，導致加速了貧富差距，更由於全面性的少子化，無形中更提高了父母親教育子女的危機意識，因此很少會去注意到兒女真正的興趣，及未來發展的性向，只一味地怕輸在起跑點，而依舊採高壓式的管教方法，逼他們上大學。事實上由於大學開設太多，在良莠不齊的情況下，大學甚至為了拉攏學生，只要付得起學費，根本不用面試或考試就可以進校了，在這種怪現象之下，大學生的素質也在每下愈況中墮落。很多的大學生找不到工作的原因之一就是因為自己本身的能力太差。

可是由於掛著大學生或碩博士生的頭銜，自認已是高人一等的知識分子或社會菁英，事實上除了只會高談闊論、憤世嫉俗外，更養成了趾高氣揚及好高騖遠的通病，卻不自覺。

為什麼要花這麼大的篇幅做分析呢？就是針對父母親望子成龍、望女成鳳的迫切心情，都希望能夠在子女邁向成功的路上時拉他們一把。結果，往往付出的心意、精力、

時間和金錢就像肉包子打狗般，一去不回，反而惹來父子感情生變，這也是所謂的寵兒無孝子。

當兒子開口需要金援的時候，通常只要父母親在能力所及的範圍內，都會不吝地伸出援手或給予幫忙。

適度地愛你的孩子

我有一位企業家的朋友告訴我，他死了以後可能大部分遺產都會留給他的子女，可是在他活著的時候，他是不會隨便給子女金援的，因為不是自己用血汗賺來的錢就像英文說的「easy come, easy go」，在沒有任何附加條件下的金援，由於取得太容易，不是被騙就是會亂花掉。

而且有第一次開口，就會有第二第三次，而且沒完沒了，他們不但不懂得珍惜，也不知道要如何從失敗中記取教訓，反而只想把父親當凱子，並吃定了他們是父母財產的未來繼承人。

所以這位企業家寧可教他的兒子：如果真的需要金援的話，不妨拿他們自己的房子做抵押，直接去向銀行貸款，開口要求金援的同時，也必須學會為自己的行為負責。

兒子女兒如果有意願要承接他的事業，就不能高高在上，還必須從公司的基層員工做起，所有的企業基礎都必須往下扎根，而要成為管理和經營公司的人才，若沒有由下而上的實務經驗，不但無法瞭解實務和公司營運，反而容易被下屬矇騙或識人不清。

把自己的退休金放在第一順位

另外一位單親媽媽，她處理兒子開口金援的事自有一套方法。她把自己當成民間的貸款公司，她一定會向他兒子收取利息，而且是以月息一分來計算，且利息必須依貸款時間的長短先行扣除，貸款的手續除了她只收本票外，還需要人保，不是找媳婦就是其他的兄弟姐妹替他作保。並堅守「有借有還，再借不難」的信用原則。對於她太市儈的做法有些姊妹淘相當不以為然，甚至多事的去安慰她的兒子，沒想到兒子的回答是：「我母親當年就是用這樣的方法把我們兄弟姐妹撫養長大的，因為這樣，所以我更能體會到母親的辛苦，也會更加珍惜得來不易的金援。」

一起出門吃飯，該由長輩付錢嗎？

跟婆婆一起吃飯，媳婦付錢是理所當然嗎？和父母一起在外用餐，由誰付錢，似乎茲事體大。計較該由誰付錢這件事，就晚輩的心態來看，其實是卡在「孝順」二字。

臺灣最漂亮的風景就是人情味，所以不論在國內或國外，只要在餐廳用完餐後，看到彼此在結帳的櫃檯前搶著要付錢的，不用問大概就是臺灣人了。

可是在年輕的世代裡，這種情形似乎已經有越來越少的趨勢了，因為在普遍低薪的時下，加上每個人最好的朋友就是他桌上的電腦，而且只要打開電腦就會出現各種誘惑，光是網路購物就夠讓你目不暇給了，因此，假如克制力不夠的話，每個年輕人幾乎都是月光族。

所以除了必須性的事業應酬、特殊的狀況或特別節慶外，會主動請朋友一起出來吃飯的機會並不多了，當然或許正在追求或熱戀中的男女朋友例外，一般男女朋友出來約會時，也不會搶著要付帳，而是採各付各的，兩不相欠的交友形式也正在ing。

亞洲的社會還是比較注重長幼有序，所以晚輩請長輩吃飯付錢的機會比較多，可是現在有另外一種趨勢正在擴大中，那就是**有經濟能力的長輩會喜歡藉聚餐的機會，可以和子女及孫子們多在一起聯繫感情，因此到餐廳吃飯負責付錢就變成了一種誘因**。也因為是由家裡的長輩付錢，所以晚輩們除了表達謝意外，並沒有什麼負擔，當然也就沒有任何的異議了。

但也有些長輩會認為：我把你撫養長大，現在該是你回饋的時候，居然連請吃個飯都要我付錢。表面裝作無事，心裡著實是不痛快的。

袁老太太的家庭聚餐

我曾經在養老院輔導過一位有輕微憂鬱症傾向的袁老太太（化名），並剖析她梗在心中已久的心事，原來她有兩個兒子和一個女兒，丈夫還沒有去世之前，他們一家人經常吃館子，而且每次都是由三個子女分別輪流付錢，一家和樂融融。自從三個兒女都結了婚以後，也許因為各自有了子女，在家庭經濟上的負擔也隨之增加，所以上館子輪流出錢的事情就變成每次大家一起分擔，而且選的館子也越來越經濟實惠。其實，年老的父母親願意或期待能夠和子孫們在一起吃飯，也不過就只是想要感染和享受天倫之樂的氛圍罷了，至於用餐的館子大小和由誰負責付錢其實是無所謂的。可是很遺憾的，老先生去世以後，整個情況有了非常大的轉變，因為老先生生前是退役的將官，所以兒女對他相當敬畏，都不敢不服從，可是只剩下她老太婆一個人的時候，小媳婦就先藉故在輪流的聚餐中缺席了兩次，在第三次家庭聚餐缺席的時候，大兒子再也忍不住，以大伯的身分在背後數落了小媳婦兩句，沒想到引起小兒子當場反彈，加上兄弟倆那天酒都多喝了，於是三言兩語不和就起了爭執，甚至動武，大媳婦和女兒女婿都趕忙上前勸架，而她則嚇得差點尿褲。

從此以後，袁老先生退休後已經執行了數十年的家庭聚會活動就這樣子莫名其妙劃下休止符，袁老太太一再強調如今兩兄弟反目成仇了，她還有什麼臉回去見老伴？

接受老人家的請託，我決定出面，看看有沒有辦法來替她解決這個家庭問題。既然關鍵人物是小媳婦，就從她開始吧！結果沒想到事情意外單純，問題在於小兒子已經失業三個月了，還不敢讓家人知道，而小媳婦的心情也相當低落，同時怕自己出來陪家人吃飯還得強顏歡笑，就乾脆選擇不參加。真相大白以後，果然虎父無犬子，大哥大嫂馬上要我陪他倆登門去跟弟弟和弟妹道歉，老太太喜出望外，希望大家都能回復正常，但是以後吃飯餐廳的地點就選在她住的養老院附近，而吃飯開銷的錢全部由她一人負責。

依我個人的看法是：出門一起去吃飯如果有晚輩付錢，那是長輩的福氣，如果有長輩出錢，那麼晚輩就太幸福了。所以沒有「可不可以」的問題，只有「吃得開心與否」而已。

管好自己的退休帳本

年輕的時候什麼都不怕，因為歲月就是讓你有充分的時間可以為未來打拚，年輕人的最佳本錢是強壯的體魄，可以讓你在面對不斷的挑戰中不斷成長。可是隨著歲月的流逝和角色不斷轉換，記得曾幾何時，自己還是窈窕淑女君子好逑的妙齡女郎，可是沒有多久就變成了人妻、人媳和人母，從此生活的年輪就再也沒有放過妳，南柯一夢醒來時，卻已經「夕陽無限好，可惜近黃昏」。

人步入老年以後，對於物慾的需求會越來越少，但對於親情的依賴卻會越來越執著。很多人會瀟灑地說「他早已看開了，根本不在乎世間的人情世故」，也有人反駁說「那是因為從來沒有擁有過，當然無所留戀」；或者，即使擁有過，也是令人心碎的不堪回憶。

偏偏年輕人無法也沒興趣去真正探討老人的心理狀況，即使是中年人，因為他離老年也還有一段蠻長的歲月，因此他也未必能夠嘗試用老人的心情，來理解老人。

包括年輕時的我，也從來沒有想過自己有一天也會老，而對於老人這個族群的看法跟時下的年輕人沒什麼兩樣，就是該退休了，該好好在家含飴弄孫了，不要再多管閒事，不要再倚老賣老。甚至連不要老來入花叢或別養小狼狗、小心被騙的揶揄，全都成了對老年人看似叮嚀其實是嘲諷和歧視。

老是種既無奈又難堪的刻板印象，但上帝是公平的，除非夭折，否則沒有人可以逃過老化的劫數。當今年我創辦的財團法人國際單親兒童文教基金會舉辦的感恩餐會時，適逢我七十歲的生日，當場幾百個人一起為我唱生日歌，喜的是這樣表示自己的人緣還不差，但悲哀的是從此再也不能矯情裝年輕了。

拜高科技醫學之賜，人類越來越長壽，根據二〇一六年臺灣內政部的報告指出：女性平均年齡八十三．四歲，而男性則七十六．八歲，總平均數是八十．一歲。

長壽固然是個喜訊，但要如何讓自己的老年生活過得有品質有尊嚴，當然除了身體要保健外，健全的財務規劃比什麼都重要。

因為年紀大了不再耳聰目明，膝蓋容易受傷而腸胃消化也不好，加上頻尿、血壓上升，還有脂肪酸過高及循環和免疫系統失調等，就像一部二手的老車，雖然也可以開上高速公路，但有隨時會抛錨的危險性。即使在臺灣可以享有相當優惠的健保，但仍需要大量的醫療費用和開銷，而且年紀愈大，這方面的費用開銷也會呈倍數成長，因此千萬別以為當下的你一切ＯＫ就可掉以輕心。

根據我長期做家庭問題輔導的觀察，以及我自己也已到了可倚老賣老的程度，給予正在面對老化的朋友們一些中肯的建議：

一、**能不退休以不退休為原則**：因為上班工作是一種集體的規律生活，有規律的生活環境可以避免提前老化，尤其是心理層面，否則退休後每日都無所事事的，呆看著電視或找老伴的碴，很快就會進入精神委靡的狀況。例如：一面看電視一面打瞌睡，整天沒事就打哈欠，看到電視上的醫療節目就開始對自己的健康產生疑神疑鬼的幻想，連老伴要出個門都要三令五申開始囉嗦而不自覺。

但如果是已辦理退休者，也要依自己的理想和興趣，盡量到各單位去當義工，讓自己和別人都覺得你還是有用處的。當義工其實是另一個非正式職場，是一個可以擴展新人際關係的園地，在當義工的過程中可以交到很多好朋友。

我曾經參加過一個長輩的追思會，突然湧進數十位的追悼者，而人數之多讓我十分訝異，問了死者家屬，才知道原來這些人都是他退休後去當義工時結識的好朋友。

二、不論是有老伴還是獨居者，**一定要和左鄰右舍有所往來**，尤其是子女住在國外或者離你住所比較遠的地方，萬一獨自在家裡而身體有了什麼突發的狀況，附近馬上就有人可以做緊急通報和提供必要的協助。

而且像是患有心臟病的長者，就應該先向政府申請緊急求助鈴的設備，並把遇到緊急狀況時想先通知的家人、朋友或醫院的電話號碼，大大的放在電話旁或床邊，或是設定在手機裡，只要一按鈕就可以馬上找到對方等的自救機制。

三、人無遠慮必有近憂，因此可以**找律師把自己的遺囑提前寫下來**，每一年或每兩年視狀況再做更改或修正，但不用讓子女很明確或具體知道遺囑的真實內容，免得引爆或造成不需要的爭產是非。

四、**如果是選擇住進養老院，除了貨比三家不吃虧外，要多前往幾次勘察**，不妨仔細觀察大環境的空氣品質，院內的醫療設備以及醫護人員的服務態度，最重要的是，要去瞭解住在院中的老人家們是否開心？

五、**老年人如果自己沒有掌握經濟能力或儲蓄，一旦凡事都必須跟兒女們伸手要錢，將是最悲哀和最無情的審判。**

船過水無痕，到那時候，你再去跟兒女們討人情，說你過去為了一家人是多麼的犧牲和奉獻時，他們是聽不進去也不想再聽，因為這些老掉牙的歷史正是他們企圖要忘記的。俗話說：父母疼子女是長流水，子女孝順父母則是樹梢風搖，正說明了父母對子女的愛是永無止境的，可是兒女們的回饋只是偶而才有的事。

現代的聰明老人一定要學西方的文化，子女成年後就要學會放手，由他們為自己的人生負責，反而是愈來愈老的你要先把自己的生命規劃延長到至少九十歲。如此一來，你就知道你將要如何管好退休後的帳本了。

該讓出嫁的女兒住在家裡嗎？

有的媳婦和婆婆互看不順眼，造成難解的家庭問題。在一些媳婦的眼中，更棘手的家庭問題，恐怕是家中的大姑小姑。由於結婚後，原本毫不相干的人一夕之間就變成了家人，很多摩擦其實都是不習慣「多了個家人」。

在少子化的時代，現在的獨生女獨生子特別多，因此，只要原生的父母親歡迎而夫家的公婆也不反對的話，其實出嫁的女兒回來住娘家並沒有什麼不好，尤其婚前就先明文規定要住娘家，那就更沒有話說了。

但是如果娘家的兄弟多且都已成家，並住同一屋簷下的話，恐怕回娘家住久了就會造成一些不便和是非。因為在傳統的觀念裡，媳婦娶進門就變成婆家的人，而女兒嫁出去就變成是他姓人家的媳婦，理應從此住在婆家，所以女兒回娘家是屬於作客的渡假性質，若在娘家住久了，好事的親朋好友也會好奇關懷或在背後說三道四。

我就認識了好幾個獨生女結婚以後就直接住進娘家的實例，但多數都是婆家有兩個以上的兒子，且不能是長子的情況下才同意，否則就是婆媳或親家之間已經彼此鬧得相當不愉快，只好搬回娘家住，另外就是女兒一旦變成單親媽媽後，回娘家的機會也不少。

有趣的是，媳婦剛開始住進婆家會有些隔閡，而女婿住進娘家一開始也會因不習慣而有些彆扭。適應新環境在心理上造成的障礙大同小異，但其中最大的差異就屬：**婆婆可以理直氣壯地對媳婦下指導棋，但丈母娘對女婿可就只能旁敲側擊，且必須小心翼翼地討好。**

我曾針對少子化下獨生子女特別多的現象，多年來一直呼籲，希望能夠打破傳統，像除夕的年夜飯可以一年在娘家過、一年在夫家過，或者婆家提前過再回娘家過，或者娘家過後再回婆家過，似乎已經有了些共鳴的效應。

但對於非獨生子女的家庭而言，既然已經是行之有年的傳統制度，有時候就只能妥協或遵從。因此身為父母者要有原則，不能一味地用情緒化來處理家庭的爭端。

夏荷的女兒回娘家住

夏荷（化名）生有一男二女，兒子娶了媳婦後，三代同堂和她住在一起。三年後，大女兒的丈夫因為車禍意外死亡，留下一兒一女。夏荷的三個兒女從小感情就特別地好，事發之後，兒子見母親相當悲傷，主動提出希望姐姐可以帶著小孩回娘家住。夏荷是個明理的人，所以她先問過女兒的意願，同時再私下找兒子媳婦來當面商量，雖然是兒子主動先開口，但還是得徵求媳婦的意見。於是夏荷雙手緊握著媳婦的手，跟她說：「如果大姐搬回來長住而且不止她一個人，還有兩個小孩，可能會給妳帶來相當的不便，也會給妳添麻煩，妳可以不贊成，沒有關係。」媳婦反而安慰她說：「媽，您放心，要大姐搬回來住也是我的主意。」

夏荷的大女兒住進娘家的第一個月就拿出兩萬元表示要貼補家用，夏荷要媳婦收下，但媳婦堅持不接受，於是就在推來推去的過程中夏荷開口了，她跟媳婦說：「妳就收下吧，這樣子大姐也會住得比較安心。」媳婦還是堅決地表示，若要收也得由婆婆來收才是。但夏荷緊接著再告訴媳婦：「妳就收下吧，將來哪天我走了，這個家的一切也是由妳來做主。」

天下事真是無奇不有，沒想到過了幾年後，夏荷最小的女兒竟然離婚了，這時候兒子和媳婦一起開口，希望小妹也能夠回來娘家住。但小女兒除了對家人的關懷表示感謝外，卻說：「我只是找錯了一個男人，但幸虧我還沒有生小孩，所以我要重新開拓我的人生，如果跟你們住在一起，就完全失去了自由，所以我已經買了一間離咱家這裡不遠的套房，我一有空就會回來看你們。」

家是避風港，不是宣示主權的地方

女兒回娘家住已經不是「該不該」的問題，而是「態度」的問題。對於回娘家住的女兒，在心態上不要因為是回到原生家庭又有父母親做後盾，就可以恢復像往日單身時候的任性和耍賴。尤其家裡如果還有嫂嫂和弟妹的話，更要尊重她們存在的價值。因為妳的兄弟們和妳都已經脫離童年時代，他們都已為人夫和人父，為了不給兄弟們丟臉，所以更要做到「先敬人而人恆敬之」的榜樣，才不會讓父母親和兄弟為難。同樣的，身為媳婦或弟妹的角色，對於回娘家的小姑，要像面對自己親姊妹一般的態度，不卑不亢中進退有據，家和萬事興這一句話到哪裡都用得著，何況結婚不就是希望能夠在婆家有個和諧的人際關係嗎？多一雙筷子多一份福氣，晚福都是留給有肚量的人。

兩代人的不同金錢價值觀？

不只夫妻間會對於「用錢方式」沒有共識，婆媳之間也會有「金錢觀」的爭執。尤其丈夫每個月拿多少錢回婆家，導致家用變少，妻子向先生抗議。若是兒媳拿太少錢回家，婆婆會認定是媳婦愛花錢，而造成家庭關係緊張。

不僅兩代人的金錢價值觀不同，光是每個人的金錢價值觀也都不一樣。因為每個時代的生活背景、政治及經濟發展的形態，以及社會結構層面的不同，都會影響到當代人的金錢價值觀。再加上個別的世代交替中，因代溝所產生的差異更是對金錢價值觀的衝擊。

舉例來說，上一代的人以存錢為目的，而儲蓄則是手段，因此縮衣節食就是為了要把錢存下來，放在銀行裡生利息。但到了現在，銀行利率幾乎快接近零的程度下，大家開始只留部分的儲蓄，並分別進行多元化的投資，以確保自己的財產會在通貨膨脹及貶值中不會流失。

兩代人的金錢海嘯

價值觀會影響一個人的行為與態度，在這個強調個人主義並以市場消費為導向的世代裡，儲蓄對於年輕人而言是件看得到卻做不到的苦差事，因為薪水永遠趕不上通貨膨脹。尤其不像上一代的父母親，因為兒女生得多，必須擔負撫養的重責而在完全沒有自我之下可謂是鞠躬盡瘁，死而後已。

新世代的年輕人甚至會憂慮未來的世界充滿了太多的混亂，例如像核武戰爭及強震海嘯等具有毀滅性的大災難，隨時都可能會無預警地發生或出現。所以他們已經開始在思考了，到底生下孩子是給他們幸福還是苦難？而結婚和離婚的意義對現代人而言，更只是完成一張證照的程序罷了，並無任何的保障可言。尤其在先進的國家裡，離婚已經不需要再有任何的理由，只要有一方提出申請就可成立，未來婚姻將不再是神聖的誓言，而是彼此相互需要下的湊合。

人與人之間的情感聯繫也不需要再透過社區或親朋好友的互動，偏遠的教會紛紛關門，取而代之的是網路上各種交誼的社群網站。正統的百貨公司被連鎖的大賣場取代，而實體的店面也因為網購快撐不下去了。而個人主義越是風行，人類也就變得更自私和冷漠，相對的，也更懂得享受隱私中的虛擬世界。因此，如果未來人類結婚的對象是機器人，也絕對不會是笑話一樁。

有一位財經界人士用**腳踏實地的苦行僧來形容上一代的經營者，卻用快狠準的賭徒來形容富二代**，從中就可以看出兩代之間不同的金錢價值觀，不同價值觀就會造成不同的行為模式。

我個人則認為上一代的人只會當金錢的奴才，所以才會有人在天堂而錢在銀行的嘲諷，而下一代的人則懂得當金錢的主人，認為人生苦短，錢夠花就好，等沒有錢花的時候再去賺取就可。

避談錢不是解決之道

我記得我有個朋友告訴我一個兩代金錢價值觀不同的真實故事：婆婆的理財範圍只

侷限於購買黃金和不動產，而媳婦則剛好相反，不是整天進入股市，就是有空就買名牌包，因此婆媳彼此之間難免都會不以為然地犯嘀咕，可是經過幾次的金融風暴後，婆媳之間的隔閡不在了，而且彼此變成像死裡逃生的戰友般特別團結和融洽。原來是媳婦因為遭到全球股市崩盤之累，又卡到有跟丙種證券商調頭寸，因此在前無逃路後又有追兵的困境下，只好硬著頭皮向婆婆求救，婆婆馬上變賣了所有黃金為她解圍。過不了幾年，換成婆婆投資的房地產受到政府政策的打壓而跌落谷底，在脫手不易而銀行又頻頻催繳利息的情況下，風水輪流轉，剛好適逢媳婦的股票已開始有起死回升的榮景，她也就二話不說地，把她的名牌包全部脫手，好讓婆婆有喘息的空間。

婆媳之間不需要為彼此金錢價值觀的不同而起爭執，也許大家可以用學習和交流的態度，來瞭解對方的觀念。如此一來，也許婆婆可以從媳婦身上看到時代變化下的進步，相對的，媳婦也可以從婆婆身上學習到上一代如何精打細算和穩健踏實的發展。

第 3 篇

公婆心，海底針

該不該幫媳婦坐月子？

臺灣人的健生觀念認為「坐月子」有其必要，而且，講到「坐月子」，年輕世代的人往往突然變得「傳統」，「傳統上，是婆家要幫媳婦坐月子」。這其中還牽涉到北部人、中部人、南部人不同的傳統習俗。「婆婆有幫媳婦坐月子的義務嗎？」「娘家媽媽有幫忙坐月子的責任和義務嗎？」曾經引起一番論戰。有人強調「世上只有媽媽好」，也有人認為坐月子中心滿街都是，不必勞煩跟自己不親的婆婆，也不必累到自己娘家的媽媽。但說到底，「由誰幫忙坐月子」的爭執，還是因為其中牽涉到「錢」的問題；一談到「出錢」的問題，問題就演變成「婆家應該出多少月子中心的錢？」

西方並沒有所謂產婦坐月子的習俗，即使是採取剖腹生產，在醫院生完後，三天至一個星期就必須要出院，而且在亞洲，大概包括臺灣、香港、中國、日本、韓國、越南、新加坡等，這些早期有受過漢民族文化影響的國家之外，其他的國家大概也沒有為產婦坐月子的習俗。

根據維基百科的資料顯示，坐月子的習俗可以追溯到二千多年前的西漢時代，臺灣可能就是根據西漢的《禮記‧內則》而跟著稱為「坐月內」，而「坐月子」則是廣東人的說法。

在臺灣坐月內，還要足足地坐滿一個月，期間還必須盡量躺著，不可以隨便離開房間。為了怕受到風寒影響到筋骨痠痛，所以嚴禁不得吹冷氣，不能開窗戶，既不能洗頭也不能泡澡，尤其不能吃生冷的青菜水果，更不得有性生活，而所有的烹食均離不開麻油和米酒作基底。

而西方的女性在生產完，醫生不但沒有交代必須要坐月子，而且如果是自然生產，可能隔天護理人員就會來叫妳沖澡，準備出院。相比之下，對現代的婦女而言，應該要學習用更科學化的角度來看坐月子這件事。

我今年七十歲，生了三個兒女，每胎都是剖腹產，而且全部都在菲律賓的首都馬尼拉出生的，這是四十多年前的故事。當時臺灣和菲律賓兩國都同屬宣布戒嚴的國家（臺灣到一九八七年才宣布解嚴），當時我已經沒有公公了，而婆婆雖然是華僑也懂得坐月子，可是她老人家患有嚴重的肝癌和糖尿病，可以說是心有餘而力不足。又因為戒嚴的關係，我臺灣娘家的母親是出不了國的，加上我們住在郊區，離中國城很遠，因此高薪也請不到懂得替人坐月子的華婦。

華僑佔菲律賓總人口的十分之一，而菲律賓的華僑百分之九十是來自中國的閩南地區，因此，還是會依循古法「坐月內」，可是菲律賓本國人就不一樣了，因為他們受西班牙統治近四百年，而且二次大戰後被美國接管五十年，所以相當的西化。也許因為這個背景，所以我發現當地的婦女似乎沒有坐月子的習俗和經驗。

當時託華僑的親戚介紹，並預約了一位相當有經驗的奶媽，她的年齡已經超過六十歲了，但還很健康，她共生了兩男兩女，每胎都是自然生產。因為她喜歡自力更生，所以不想退休。我問她有沒有坐過月子，她笑著搖頭說：「我哪裡有這麼好命呀！」她還告訴我，她的外婆和母親都活到九十歲（那時候也還不知道長壽原來跟基因有關），她們也都沒有坐過月子，於是揮別淌在心頭的鄉愁以及沒有坐月子會有後遺症的恐懼，我決定入鄉隨俗，自認已經有了充分的休息和足夠的營養後，我就開始照常生活。

經過了第一胎的經驗後，我生第二胎及第三胎時甚至阿Q到為了對三個孩子表示公平起見，也都沒有坐月子。如果要問我有沒有什麼後遺症？因為沒得比較，所以我也說不出所以然來，何況我從小就體弱多病卻能夠活到今天，應該也算是奇蹟了。除了感謝上帝外，還能奢求什麼呢？

「坐月子」的大紅包

因為坐月內也是臺灣傳統的習俗，所以當我的媳婦在臺灣生產的時候，我也是遵循入鄉隨俗的原則。但一則考慮到我自己沒有實質的經驗，不知道能不能把她照顧好；二則如果媳婦能夠在自己的娘家坐月內，在自己母親照顧下，可能會既方便又自在；三則考慮到生產過後，如果身體和心理沒有充分獲得平衡的休息，是很容易得到產後憂鬱症的，因此在徵詢兒媳們的意見後，我就包了一個大紅包，雙手奉上給我的親家母，並附上一句：「萬事拜託，辛苦了謝謝妳！」如此一來皆大歡喜。

大家不妨想像一下二千多年前的西漢，還是個只有中醫的時代，尤其當時在徹底奉行男尊女卑的父系社會裡，婦女更是完全沒有身分和地位。整天不是負責傳宗接代的使命，就是紡紗織布，以及永遠做不完的大小勞動。因此在產婦營養不足而環境衛生條件太差的情況下，懷孕及生產對女人而言，都是生命交關的極大冒險。包括才百年前的農業時代，臺灣人就有用來形容女人生產難關的諺語：「活著麻油香，死去四塊板。」

由於西漢時代以及近代的農村婦女，長期處在過勞又營養不良的情況下，加上生產過程失血過多且精力消耗大量，因此為了產後身心的著想，絕對有長期休養的必要，更因為產後身體特別虛弱，多吃些補品來滋養身體也是必須的。加上當時交通不方便，無形中阻礙了娘家的通路，導致替媳婦坐月子從此變成是婆家的責任。

雖然醫學再發達，醫生的技術再好，難免偶而還是會有出差錯的狀況。但依現代的醫療科技水準而言，婦女生產的危險性幾乎已經降到零了。而且，時下的女性除了刻意減肥而導致營養不良的特殊情況外，幾乎只有過重的產婦，很少發現營養不足的現象，即使有這種少數情況，醫生也會提醒或開輔助的維他命給她，況且現在的女生連運動都懶得動了，哪有可能會出現過勞？再加上電器用品、吹風機等多到滿街跑，怎麼可以一個月不能洗頭？因此「坐月內」是否有必要坐到一個月，就見仁見智了。我還記得我媳婦在她娘家只住三個禮拜就跑回來了。

產婦的心情最重要

「坐月內」對很多婦女而言，並不是真的那麼重要，但有時是出於被逼的，或迷信不坐月子會對身體造成嚴重的傷害。而產後身心俱疲的情況下，最需要的就是有親人的陪伴，尤其看到每天都裝在子宮裡的嬰兒竟然一下子的工夫就脫離母體，而呱呱落地。當下的產婦雖然會有著任務完成的喜悅感，但同時也有強烈的失落感，這時候最需要的就屬丈夫的溫柔體貼和令人感動的表現。

我有位旅居美國的老朋友，她是一個很獨立又幹練的女性，她和先生都同在世界國際組織工作，可是當她的公公在臺灣去世時，她竟然沒有回國出席葬禮，讓夫家的親戚朋友都很不諒解，但我可以理解她的心情。

原由是她結婚後夫妻一起被派駐紐約，第二年她就懷孕了，但由於當時還沒有超音波的醫療器材，所以不知道會生男還是生女，結果在聖誕節的前一個星期，她在醫院產下了一個女娃娃，她的丈夫當著她的面用電話向同住在紐約的公婆報喜時，當他們知道是個女嬰後，竟什麼話都沒說，就把電話給掛了。

她告訴我那一年的聖誕節，外面下著雪，而她的心淌著血。因為她自己的父母早逝，所以把公婆當作親人，沒想到直至她出院前，公婆都沒有來探望過她，更不用提坐月子的事。

事過境遷，她也就不再追究，結果意外地隔了六年後，她竟然又懷孕了，結果第二胎也是個女兒。這時候她的婆婆已經去世了，也許丈夫想乘機化解她積壓多年的委屈，所以這次公公自己到醫院來看她，但他什麼禮物都沒帶也就罷了，竟然靠近床沿，用著極不屑的口吻跟她說：「誰叫妳不爭氣，若生個兒子就有雞湯喝了，居然又生了個女兒，我就只好帶兩串香蕉來給妳坐月子囉。」說完之後，還故做幽默，伸出十隻手指頭在她的臉上晃了晃後才離去。

那夜她用棉被蒙頭啜泣，直到天明。從那天起，她再也沒有正眼看過她公公，任何有他在的場合，她絕對不會出席，當然也包括了他的葬禮。

應該幫忙帶孫子嗎？

長輩沒有一定要幫兒媳帶小孩的義務，尤其是為人父母者只要盡到他拉拔孩子的義務，就沒有一定要任勞任怨當孫子保母的責任。「要不要帶孫子」完全視個人的選擇和意願而定，要知道，兒媳成家立業並不在個人的退休規劃的第一順位。

這也是個見仁見智的問題。公婆疼愛孫子是眾人皆知的事情，至於公公婆婆是否要幫忙帶孫子，那就要看他們或婆婆的個人意願，還有實際的情況是否有需要。當然最重要的，還是主權最大的兒子和媳婦到底願不願意由父母親來承擔這個重要任務。

這裡為什麼會特別提到也要把婆婆的個人意願列入考量？因為雖然公婆都一樣疼惜孫子，但是大部分真正實踐每天二十四小時、日夜不眠不休照顧及餵食等瑣碎工作的重大責任，都還是落在女人的身上，不論是夫家的婆婆還是娘家的母親，甚至包括其他外面專業托育的保母。

事實上，有很多現代的婆婆早就甩開了傳統的束縛，並認為自己為人母的責任已了，兒子和媳婦既然選擇結婚又生小孩，就應該為自己父母親的角色去履行應盡的責任和義務。而且奶媽帶孩子終究是別人的，討不到什麼好處，但一旦孩子出了什麼狀況，卻幾乎都是托育者要負最大的責任，且婆婆及母親都不例外。

多美帶外孫

多美（化名）的女婿因為工作的關係，必須長期住在中國，而她女兒獨自一個人扛起家長的身分，少了丈夫的幫手又還要上班，再帶兩個小孩實在是忙不過來。所以女兒女婿商量的結果，考慮到婆家遠在南部，而且婆婆年紀也稍大，怕體力無法負荷，因此希望同住在臺北的母親能幫她帶新生的嬰兒。

既然是女兒跟女婿一起來懇託，多美不好意思拒絕，也就樂意幫了這個忙，而且嬰兒在多美用心照顧下，很快長得白白胖胖、人見人愛。但就在孫子滿周歲的那天，她在路口抱著小孫子，欲搭乘計程車前往慶祝的餐廳時，突然從旁邊的巷子衝出一部摩托車，就這樣子把他們祖孫兩人給撞倒了，其實在被撞倒及落地的當下，多美仍是盡力保護著懷中的孫子，見狀的計程車司機立刻趕快把他們送到附近醫院的急診室。

多美的女兒和女婿接到消息後，趕忙直奔到醫院，他們夫婦第一件事情就是先確認孩子的情況，當醫生告訴他們孩子安然無事後，才轉過來病房看多美，她可以理解孩子在父母的心中永遠都是最重要的第一順位，但她無法釋懷的是，當他們夫妻見到她的第一句話並不是關心她受傷的程度，反而是白目的女婿竟公然用著激動的口吻教訓起多美：「媽，妳怎麼會這麼地不小心呢？幸虧小寶他沒事，否則妳叫我怎麼跟我的父母親交代？」站在一旁的女兒似乎用沉默來附議。事實上，多美為了保護孫子的安全，自己多處嚴重挫傷，甚至連醫生都交代必須住院觀察。

當她看到女兒及女婿用如此自私的心態在處理這件意外的事件後，讓多美在心寒之餘，同時以身體需要長期休養為理由，乘機卸下了吃力不討好的奶媽工作。

這個故事還有戲劇性的後續發展，多美的女兒和女婿又重新商量後，決定這回要把小寶送回南部給婆家帶，但沒想到小寶還真的是命中註定車關難逃，有一天婆婆推著載著小寶的嬰兒車在鄉間的小路上閒逛時，沒想到莫名其妙的，對面一個喝醉酒又滿身酒氣的阿伯騎著單車，搖搖晃晃騎回家的路上，撞上了小寶的嬰兒車。

這次的情形剛好相反，婆婆沒事反而小寶受了傷。多美不敢相信同樣的事件又發生，而且是在婆家，同時她也無法想像她那個白目的女婿到底會怎樣對自己的母親叫吼。

自己的小孩自己做主

現代的婆婆很多都是一九四〇或五〇年代後才出生的，幾乎都已經有受到文明教育的洗禮，而在臺灣幾乎不可能出現文盲，婆婆媽媽們也都經常有在國內及國外旅遊的經驗，可謂是見識也頗廣闊。甚至她們若是職業婦女的話，也都懂得使用電腦及各種電子產品，因此除了能夠運用自己過去的經驗，若需上網搜尋照顧幼兒的資訊，也不是難事。

但可惜新世代的新手媽咪們已養成只迷信專家的話，因此在完全照書養小孩的氛圍下，不少的媳婦們選擇寧可相信書上及網路上一些以訛傳訛的訊息，也不願意參考婆婆過去的實務經驗，導致在照顧及管教的方式和觀念上，易產生矛盾與衝突。

因此有些自我意識比較強、事業心重甚至根本就不喜歡媳婦的婆婆們，對於該不該帶孫子這件事情，也會採取比較保守的明哲保身，而不想主動介入，免得將來羊肉吃不著反而惹得一身騷。相對的，也有婆婆不想帶孫子的原因出自於自己曾是職業婦女，她本身就沒有帶過兒女的經驗，更難想像要如何去帶孫子。當然，更有些夫家的婆婆和娘家的母親之所以幫兒媳或女兒帶孫子，通常也會像以上的案例，都是逼於環境所迫。

至於樂意主動提供並選擇要帶孫子的公婆們，當然部分是基於愛屋及烏、期待能夠享受含飴弄孫的親情與樂趣。

幫忙帶孫子，也要徵收保母費嗎？

通常會讓長輩帶孫子，不外乎兩個原因：一、不放心陌生人帶自己的孩子，二、希望能節省保母費，自己的父母不會太計較金錢。曾經聽說過妻子嫌先生給公婆的保母費太多，而離婚收場的。但是本著「親人沒有義務幫你帶小孩」，千萬別把長輩的付出當做是理所當然。政府現在有很多福利措施，在新時代為人父母時，莫忘了多做功課，申請政府提出的「親屬保母托育補助」，也許在給父母托育費時，就不會這麼掙扎了。

又不是跟政府單位或商業機構在做交易，哪來徵收保母費用的措施？說到底，徵收的動作有硬性強迫的含義在內。

婆婆幫忙帶孫子完全是以情感為出發點，就像前面文章中說的，多少的婆婆縱使把孫子從小一手養大帶大，但他們也未必會懂得感謝和回饋，但相信婆婆也會以祖孫情深而不介意的。

雖然有親人之間談錢就傷感情之說，但若只一味地消耗對方真摯的感情，卻從來不想要付任何代價的話，久了可能也會在無形中深深傷害彼此的感情。

假如兒子和媳婦會主動請婆婆伸出援手替他們帶孩子，其實最大的考量因素多半是基於婆婆是家人，而且帶的又是自己的孫子，因此對兒媳而言，婆婆當然是首選的託付對象，可以信任也比較安全和可靠。

大部分的婆婆在接受請託，幫忙帶小孩子的時候，通常是不會主動開口提起「該不該」或「要不要」收取托育保母費的尷尬議題，因為長輩盼望的就是兒子娶媳婦後，能夠趕快完成傳宗接代的使命。加上現在有很多夫妻結婚以後不是生不出小孩，而必須透過人工受孕或代理孕母的手段，又或者想多過幾年夫妻的二人新生活，而不想馬上生小孩。

因此，如果婆婆知道媳婦懷孕又安全產下孫子，不論生男生女，十之八九的婆婆都是興奮不已，不但四處宣揚通報，喜氣洋洋的氣氛還圍繞著她持久不退。

甚至有些婆婆心裡還會忐忑不安，害怕或擔心媳婦不會讓她帶孫子，帶孫子的角色改由娘家的母親取代，因為對媳婦而言，由娘家的母親來帶孩子，心理層面上會更安全和自在。

像這一類的婆婆不要說是徵收保母費，就是要叫她掏腰包自己出錢來養孫子，也可能都在所不惜，所以她帶孫子的目的並不是為了要收保母費。

尤其千萬不要小看了婆婆媽媽們周旋在三姑六婆間的人際關係，通常都會比年輕兒媳們所交往的層面更廣更深，也更綿密，因此在這種大家都有子孫，且不能免俗一定會打聽的情況下，總是會被問起兒媳們有沒有補貼保母費用，並且也可順勢打聽一下別人家的行情，供自己參考。

映雪給婆婆的保母費

映雪（化名）娘家的大嫂生下小孩後，由映雪的母親親自帶，因為她是小姑身分，所以即使結了婚，也從來不會去過問有關娘家母親和嫂子間的任何婆媳問題，直到自己生了小孩以後，她才偷偷地問母親，大嫂是否有給付她保母費？母親點頭示意，並告訴了她錢的數目。同時映雪在婆家也私下拜託小姑替她向婆婆打聽一下，他們夫妻倆打算付給婆婆的保母費，不知道她老人家會不會接受？並希望小姑必要時不妨在婆婆面前替她美言幾句。

果然透過小姑的側面打聽，似乎婆婆對於保母費的數目並不是那麼滿意，但因為小姑說：「媽妳知道嗎？大嫂給妳的保母費比她娘家嫂嫂給她自己媽媽的還要多，超出五千塊錢哩！」婆婆先是用一副質疑的眼神回應：「真的嗎？」然後也就很自然地安心與釋懷了。

當年輕夫妻問及這個問題的時候，我總是用一句老話「插花要插在前頭」，晚輩要主動先跟長輩表明誠意的態度，天下事只要是錢能解決的事，都是小事，而且不妨先小人後君子，大家的立場和動機都有先經過善意的溝通，加上保母費的數目也經由雙方合理的認證後，當所有的主客觀因素及條件都能經過全部的釐清，往後長期日常生活中的互動關係就會比較朝向理性和平和。否則一味地用親情做藉口，一直陷在「要馬兒會跑，又要馬兒不吃草」，既貪小便宜不想付費，卻又硬拗，認為婆婆帶孫子是種福氣等，簡直是沒立場又亂畫重點，造成亂搞模糊地帶的人際關係，結果只會讓無辜的小孩變成了夾心餅乾。

保母界的拒絕往來戶由莉

由莉（化名）生產完後，希望能夠由自己的母親替她帶小孩，可是湊巧的是娘家的弟妹也在同一時間待產，只好作罷。

由莉是個時髦的職業婦女，收入又高，所以本來打算退而求其次，高薪聘請奶媽住進自己的家裡。但由於她過於吹毛求疵的個性，像是保母不能太漂亮，怕會勾引自己的老公，而年紀稍大的也不行，怕她動作慢又不乾淨，更換了幾次保母後，就被同行列為拒絕往來戶，最後只能雙手一攤，把問題交給丈夫，由他出面把孩子交給了婆婆帶。

但只能用「狗改不了吃屎」來形容由莉的個性，她不但不尊重婆婆，甚至有空就找碴，起先婆婆為了不想讓他們夫妻倆為了她而起爭執，所以凡事都盡量隱忍了下來。可是到最後，婆婆再也受不了，終於當著媳婦的面，嚴肅告訴她：「我自己一手帶大了四個兒女，現在每個人在事業上都各有專長，同時我也帶過了三個孫子，現在每個孫子也都健健康康的。如果不是因為你們來苦苦哀求我，又何必自找麻煩？我不指望妳孝順我，但至少妳不可以把我當傭人看待，何況這裡是我的家，若妳把孩子寄託在我這裡會不放心的話，就請妳立刻把這孩子帶走。」

由莉一把鼻涕一把眼淚，向娘家母親哭訴著她在婆家所受的委屈。所謂知女莫若母，娘家的母親很瞭解自己女兒個性上的驕縱及無理取鬧的任性，再加上目前正在替自己的媳婦帶孩子，實在也真的分身乏術，所以只好在完全不考慮的狀況下，給了女兒一個拒絕的軟釘子。

好強的由莉受不了如此一連串的挫折，決定暫時辭去工作，由自己在家帶小孩。沒想到真的是知易行難，對於一個從來沒有經驗照顧過小孩子的人而言，其挑戰的嚴峻性完全不像過去自己養寵物，只要用心就可以；再加上自己莫名其妙地把婆婆給得罪了，這件事看在丈夫的眼裡完全是不可饒恕的行為，因此完全袖手旁觀，而不再給予任何協助與幫忙。終於，由莉徹底崩潰和妥協了，最後還是在丈夫的陪同下，跪在婆婆面前請求原諒，並誠心誠意拜託婆婆替他們帶孩子。

就算是自己人，也要擺平錢的事

即使婆婆是丈夫的母親，但站在媳婦的立場，認為能夠讓婆婆有機會照顧孫子，就應該要感動和欣慰了，怎麼還需要給付保母費？但換成婆婆的角度而言，可以帶自己的孫子當然是件值得驕傲和開心的事情，但就怕力不從心，因此若兒子和媳婦可以經常配合並給予肯定和慰勞的話，相信她做起來也會比較得心順手，並感覺她的辛苦付出是值得的。

帶孫子不論是帶小的還是帶大的，都需要聚精會神而全力以赴，且原本屬於自己的時間也都被嚴重套牢，做晚輩的能想出最好的慰勞方式，大概除了平時的噓寒問暖並表示感激外，就是給付保母費，讓婆婆能夠用她的方法去犒賞她自己。

一般雖然是比照外聘保母費的形式，但通常價格又比外聘的少很多，這也是讓婆婆拿了保母費會覺得心安，同時又有被尊重和孝順到的感受。相對地，兒媳給付給婆婆的費用比外面的保母費少一些，這對雙薪的年輕夫妻而言，也是實質上經濟壓力的減輕。

在臺灣，類似這種心照不宣卻又不能免俗的保母費風俗仍一直存在著，而且不論是替兒子媳婦或是女兒女婿帶小孩，給婆婆或是娘家母親的保母費已經變成一種不成文的默契，還在持續進行中。

妳很想帶孫子，但媳婦嫌妳粗手粗腳嗎？

養育與教育其實是父母的責任，但臺灣的公婆對待孫子的態度，顯然比其他國家的公婆熱情多了。常見許多媳婦抱怨婆婆介入教養、搶著跟孫子一起睡覺，這類媳婦是屬於那種「堅持做好媽媽角色」的人，覺得自己的「為人母」角色被婆婆搶走了。但也有人持不同看法，覺得有公婆支援，反而可以更專注在工作上，在適應初為人母的角色時，也能喘息一下，擁有自己的人生。

天下的母親大概都認為：自己是最摯愛孩子、最懂得孩子，也是最會照顧孩子的好媽媽。由於這樣子的主觀意識，常導致身為母親者對於孩子的一切，從嬰兒時期開始，不知不覺中就有了強烈的掌控權和佔有慾。

因為初為人母的心情顯得特別緊張和複雜，因此才會特別依賴育嬰手冊上面的專業資訊，作為養育子女最重要的參考。可是別忘了，書本是死的而人的生命是活的，因為所有各行各業的專家所提供的數據，幾乎都是取一般的平均值而非絕對值。因此，即使在同一家醫院由同一位醫生所接生的孩子，包括出生年代和性別及血型都一樣，然而他們出院後的個別發展也不盡然相同。所以在孩子的照顧上，無須拿別人家的小孩來做比較。

除非是很早結婚而且很年輕就生下小孩，否則一般的話，當上婆婆的年紀大概都是在五六十歲左右。**在漸漸步入老年的階段時，不論是體力還是動作，當然都比不上年輕的媳婦來得敏捷和快速，但若因此就歧視婆婆或嫌她動作粗手粗腳的，則不但有欠公平，更失去了當晚輩的應有的厚道。**

劉湘婆婆帶孫子

其實有很多時候，由於不熟悉環境的關係，而導致對方產生了刻板印象。像我有位義工姊妹劉湘（化名），她就是因為被媳婦嫌她粗手粗腳而難過不已，我問她到底怎麼回事？因為她在我們的義工群裡算是反應和動作均表現得靈活俐落。

劉湘她自認為所有的問題都是出自於她對媳婦住家環境完全不熟悉，尤其媳婦廚房裡的規劃和使用的烹調工具，都和她習慣的傳統作法有很大的落差。其實只要摸熟了應該就沒有太大的問題，但可惜媳婦卻吝於給她更多機會。另外，媳婦又嫌她在替孩子洗澡或餵養時，總是粗手粗腳，而且老忘了要先洗手和噴消毒水，才能進房去抱孩子和做事。

關於這一點，劉湘姊妹她的說法是衛生固然重要，但她是婆婆又不是傳染病的帶原者，媳婦又何必如此緊張和藐視她？何況她也注意到有好幾次兒子從外面回來，根本也來不及洗手，更別說是噴灑消毒水，還不是照樣把孩子抱起來拚命的親，而且媳婦也不遑多讓。

雖然她真的很想孫子，但是媳婦有規定在先，婆婆要去看孫子前，必須先跟她說再經過她的同意，然後再由她安排適當的時間通知，婆婆才能前往。若婆婆無法配合的話，就見不到孫子。劉湘也試著私下和兒子抗議，但兒子的回答竟然是希望母親能夠跟他的妻子配合，不要再節外生枝。

劉湘為此而生了好長的一陣子悶氣，也較少到我們的基金會來當義工。可是突然有一天她出現了，而且還帶了一大堆好吃的東西來送給大家分享。

看她滿臉春風的樣子，就知道烏雲蓋頂的倒楣日子應該都過去了，果然她用十分得意的神情告訴我們，她沒有來當義工的這段日子裡，經歷了一些難以想像的故事。

九個月前的某一天，兒子突然接到公司的命令，派他到國外受訓半年。媳婦因不放心讓自己的老公單身在國外逗留半年，所以堅持要跟著丈夫一起出國培訓。可是孩子還小該怎麼辦呢？於是不用等婆婆想看孫子媳婦才來安排探視的時間，這回媳婦竟然三番兩次主動抱孫子回來看婆婆，讓她在喜出望外之餘，已嗅出了這是媳婦的陰謀。

於是為了能夠見到孫子，劉湘也將計就計地配合媳婦，果然不久後，媳婦就開口了，而這下子劉湘的身分馬上從原本的乙方轉變為甲方。原來媳婦希望劉湘婆婆可以幫她帶小孩半年，當然除了保母費不短少之外，居然也同意婆婆可以把孫子帶回家養。

半年的時間很快就過去了，劉湘的兒子和媳婦一起從國外回來，當他們看到孩子在婆婆的代養之下長得又胖又壯，簡直不敢相信。但驚訝之餘，最感到難過的，就屬孩子對他們已認生了，竟只認得奶奶而不要爹娘。

這次媳婦再也不敢嫌她粗手粗腳，還特別邀請婆婆能夠移駕搬過來跟他們同住幾個月，好讓媳婦可以就近學習婆婆在照顧孩子時的各種手法，包括洗澡、餵食和哄睡覺的撇步。她的故事真的應驗了：誰在乎誰就要多負責任的現代人際關係。

兒子媳婦結婚以後，不論是否同居一屋簷下，還是各居他方，一旦生了小孩，他們就是為人父母的角色，**應該鼓勵他們能夠獨立經營屬於他們自己的家**。因此，即使婆婆希望能夠看到孫子，可是在媳婦嫌婆婆粗手粗腳的前提下，奉勸身為婆婆者不要太洩氣，更不需要熱臉去貼人家的冷屁股，反正**孫子總是孫子**，**這是永遠血濃於水的親情關係**。

妳是不是很黏孫子的婆婆？

這個問題是牽涉到「是否剝奪了父母的孩子教養權」，而進一步演變成大人之間的恩怨。如果是強勢的婆婆，媳婦就會變成「假日媽媽」，孩子變得跟婆婆比較親；但如果是強勢的媳婦，婆婆就會有「看不到孫子的委屈」。一百分婆婆會讓媳婦喪失做母親的主權，母親總是對自己的孩子有佔有慾，只要換個角度來想，就不會被抱怨是「搶孫子的婆婆」。

不論是婆婆很黏孫子，還是孫子很黏婆婆，這都是一個值得討論的議題。因為如果是孫子很黏婆婆的話，就表示有可能婆婆偏心太寵愛孫子，導致孫子不但離不開婆婆，反而恃寵而驕，凡事拿婆婆當擋箭牌，或者私下會向婆婆討便宜。如果是婆婆很黏孫子的話，反而會令媳婦左右為難。

清香婆婆和孫子大雄祖孫情深

清香（化名）育有一男一女，兒子結婚以後他們就是三代同堂，尤其媳婦頭一胎就生了個兒子，所以清香婆婆非常開心，打從幫媳婦坐月子開始，一則希望媳婦能夠好好的休息，二來清香希望能夠跟孫子大雄（化名）更親近。

從那個時候開始，婆婆跟孫子的親密關係就好像形成了生命的共同體。

起初媳婦不以為意，也覺得沒有什麼不好，反而樂得比較清閒，能夠好好休息。可是等到大雄三歲時，媳婦又懷孕並生下了老二，當媳婦生產前曾經請示婆婆，是不是要再幫忙帶老二時，馬上就遭到婆婆的拒絕。

婆婆當時就包了一個紅包給媳婦，並請她轉託娘家的母親替她坐月內，以及帶老二。並且坦白跟兒子和媳婦宣布說：大雄是長孫，對她而言甚至是比她自己的生命更重要，他將是第三代的家業傳人，而其地位誰也無法取代。

於是大雄就在婆婆這樣子的定調下，建立了他在家中獨尊的地位，完全不甩後來媳婦連續生下的三個弟妹。清香婆婆在對待四個孫子的態度上，更是公然地只對大雄偏心，她也不在乎其他人的感受和反彈。

這種情況延伸到大雄上中學時，但家庭好像仍處在一國兩制的特殊情況下。大雄和婆婆是同屬天龍國的陣線，而兒子媳婦和其他三個小孩反而像是外面來投靠的親戚。由於平日過度的寵愛和偏心的結果，造成大雄在個性上已經養成了獨斷獨行、要什麼就得有什麼的掌控慾，而且一不如意時，不但口不擇言，為了達到目的，更是動粗也在所不惜，而家中的弟妹更成了他平日的出氣包。

但在一個寒冷的冬夜，清香在家中意外跌倒，撞到了後腦勺而大量出血，在當晚就離開了人世間。這個突然的噩耗竟然是發生在最疼他的阿嬤身上，這對大雄而言不僅是晴天霹靂，他簡直就嚇傻了竟哭不出來。

因為長期以來，大雄和父母以及弟妹們的關係都很疏離，加上唯一情感上依賴的阿嬤又突然撒手而去，於是在內心受到嚴重創傷與衝擊的情況下，自尊心過強的他不願意讓家人看到他脆弱的一面，更不願意與他人分享他對阿嬤強烈懷念的哀愁。他不敢面對，所以選擇了逃避，不但逃避回家，也逃避上學，開始自暴自棄地到處流浪；過程中更為了生活不惜偷竊，還購買能夠暫時麻醉低落情緒的香菸和酒，直到有一天被逮捕、送進警局。

當年的我經常為各縣市少年大隊的員警們分梯次上輔導課，那一天上完課後，員警希望我能夠協助這個個案。

輔導的過程中，我先讓大雄盡情地洩憤，因為對於阿嬤突然莫名的死亡，他內心充滿了太多的不甘心。他在嚎啕大哭後，竟用十分脆弱又無助的神情告訴我，他有多麼的愛阿嬤，而沒有阿嬤在的家，他根本不想回去，他甚至會自責：都是因為他沒有照顧好阿嬤，她才會跌倒死亡。

當他能夠理解到今日的阿嬤即使沒有因跌倒死亡，將來也會因年紀大了而壽終正寢，所以他跟阿嬤遲早都會分離的。最重要的是，阿嬤留下來的精神是什麼？就是希望他能以長孫的身分能夠孝順父母，並做弟妹的榜樣，待完成學業後可以輔佐父親，把阿嬤一手建立的事業繼續發揚光大，而這就是為什麼阿嬤會特別疼大雄的原因，因為阿嬤認為他將來會變成家族裡面扭轉乾坤的重要角色。

他一面拭去眼淚，一面認真地聽我說這些話，而且不斷點頭，表示我說這些話，其實都是阿嬤平時就跟他交代的話。他也認為不要讓阿嬤失望，就應該照阿嬤的話去做。

我順便提醒他，由於過去的他集三千寵愛於一身，而心中也只有阿嬤，因此忽視了其他家人，像是父母親和弟妹們存在的價值，這些親情都必須要靠自己的努力想辦法去彌補回來。他擔心家裡的人會因此排斥或不接受他，我告訴他這種想法是多慮了，天下父母心永遠都會給子女留位子的。

果然才踏出輔導室，大雄的父母親及三個弟妹都快步前來迎接他。大雄再次抱著父母親哭了，這是愛的和解，而且一家人又團圓了。

阿嬤真真的孫癌

真真（化名）有兩個兒子，大兒子和大媳婦長年在國外經商，對真真而言，遠方的孫子是鞭長莫及的禮物，看得到摸不到。倒是二兒子和媳婦雖然不同住在一個屋簷下，但就住在她家附近，所以退休以後無所事事的她，孫子就是她的大玩偶。她全部的精神幾乎都放在如何打扮孫子和孫女們的身上，她甚至會買跟孫女同一款式的祖孫裝，穿在身上然後自拍再上傳FB自娛娛人。

她的無厘頭作風常搞得兒子和媳婦啼笑皆非，但因為婆婆的動機也都是出於好意，所以媳婦也不便過分地阻止。

由於婆婆過分黏孫子和孫女，導致作為母親的媳婦在管教小孩規矩時，就會容易出現漏洞。例如：明明是午睡時間，可是小孩子只要聽到婆婆按門鈴的聲音，馬上就從床上跳起來，衝下樓去開門，而第一句話就是問：「阿嬤，我們今天要去哪裡玩？」或是餵食到一半的時候，只要婆婆來訪，兩個孫子孫女馬上就興奮得連飯都不吃了，像左右護法般的，各牽著婆婆的手就準備往外跑。

婆婆不斷出現已經嚴重影響到管教原則的問題。於是媳婦不得不直接跟真真提出要求，並希望她能配合。內容如下：請不要每天都帶孫子去買零食，也不要孫子一開口要什麼，就都滿足他們的需要；再來就是婆婆若得傷風感冒，最好能夠先迴避在家，別再來跟孫子玩親親，免得孩子受到感染；還有現在騙子一大堆，不要動不動就把孫子的照片ＰＯ上ＦＢ等。

聽完媳婦的抗議和建言，真真心裡有些不舒服，於是回到家後，下定決心再也不去黏孫子了，可是不到三天的工夫，她自己就受不了，於是只好向媳婦妥協並配合其附帶的各種要求，從此以後，真真還是繼續黏她的孫子和孫女，但是在有節制的情況下進行。

如何避免兩代教養大不同的問題？

老一輩的人認為：阿公阿嬤疼孫，是天經地義的事，如果帶孫子的公婆是抱持這種心情，就會面臨兒媳的怨懟，責怪老人家沒有盡到教養孫兒的責任。但有時候，下一代的人抱怨其實是來自於平時忙於工作，不懂得如何跟小孩相處，也由於平時跟孩子的互動太少，才會覺得孩子很難管教，或孩子只聽祖父母的話。想解決任何兩代教養的問題，第一步先必須找出你家的問題出在誰身上。

所謂開卷有益，又有讀萬卷書不如行萬里路之說，宇宙之浩瀚往往出人意表，可見普世的教育精神應該在於其價值觀的影響力，而不應該遇到不同的觀點或看法時，就用絕對性或二分法的方式來解讀。

以前的人從鑽木取火到懂得燒煤炭，演變至今運用天然瓦斯，或是啟動開關就自動生火的電子爐。不一樣的背景有不一樣的過程，但都是為了生活中烹飪的需求，任何改善及便利的研發工具，都是從有開始到更好再到更精緻。

教育的發展也是一樣，都有它的背景以及存在的價值，在歷史的長河中承先啟後。

任何家庭都會出現兩代教養大不同的問題，但如果是父母親和子女之間直接出現代溝，則比較容易理解和溝通，因為見怪不怪，它到底存著一些只屬於自家人才能瞭若指掌的傳統文化，有可循的脈絡。

家庭教育、學校教育和社會教育是影響人格發展的三大方向，其中尤以家庭教育最為重要，因為它不但是語言發展、生活習性的養成，也是智能開發的基地，更是影響未來職業性向的抉擇。例如：企業體的代代傳承，以及行醫的家庭成員也多數選擇從醫，所以才會有「龍生龍，鳳生鳳，老鼠生的兒子會打洞」的諺語。

但若是**婆婆和媳婦之間談到教養的問題，則不僅只有牽涉到上下兩代的代溝而已，還會牽扯到婆家和娘家之間的教育程度、文化水平以及生活態度各方面的落差。**這也是為什麼會有人認為門當戶對之說絕非全是無稽之談。

如果婆婆和媳婦並不是同住在一個屋簷下，建議婆婆不妨先採取眼不見為淨的態度，要尊重媳婦，她才是妳孫子的母親，而且握有最大的管教權。

婆婆只要客觀和冷靜地從旁觀察，若在無大礙的前提下，不妨就抱著得過且過的心情，除非出現了重大危機或者太離譜的現象時，基於家人的情分不能再視而不見的狀況下，才需要出面干涉。不妨先利用閒聊的方式，把自己的看法和實際的經驗透露給媳婦參考。

採用如此比較成熟的迂迴作法，較不會讓媳婦因自己的無知或魯莽而當場感到尷尬或難堪，而且因為她自己犯錯在先，所以有了婆婆後面的指點，媳婦也比較能夠樂意接受。

除非媳婦真的很欣賞婆婆的教養方式，而且願意主動請教，甚至希望婆婆能夠不吝地全盤教導，否則**對於媳婦教養孩子的方式，最好不要一開始就直接介入**，尤其是面對強勢的媳婦、脾氣不好的媳婦、頑固不冥的媳婦，以及好搬弄是非的媳婦等，婆婆的熱心介入不但會吃力不討好，或許對方根本不領情，甚至四處造謠告狀，把妳塑造成惡婆婆的負面形象，完全是得不償失啊。

忘記單親家庭成長的缺憾，融入新家庭

蓮花（化名）知道自己的媳婦漂漂（化名）來自一個出生後就沒有母親的單親家庭，更不幸的是，她幾乎是在繼母凌虐的陰影下長大成人，完全不懂得人情世故，更具有嚴重的自卑感。

蓮花本著愛屋及烏的心情，加上她自己沒有女兒，所以決定要把媳婦當成女兒看待。當她告訴漂漂：「從今以後這裡就是妳的婆家，同時也是妳的娘家，妳不要害怕，我們都會保護妳！」漂漂聽完就當場痛哭流涕，久久不能自已。蓮花還告訴漂漂說：「天下沒有醜女人只有懶女人，為了讓妳能夠早點在娘家人面前出口氣，妳願意接受我對妳的管教？」

漂漂拚命點頭，看在蓮花的眼裡特別心疼和不捨，於是把媳婦攬入懷中，並為她拭去淚水。

隔天蓮花的兒子跟她說：「媽，您知道嗎？漂漂說她的人生中從不敢奢望會有被母親擁抱的機會，加上又要開始面對應付婆婆的漫長歲月，其實她每天都度日如年，甚至連做夢都夢到逃婚，但沒想到妳的大愛和包容讓她重生了。謝謝媽！」

漂漂給婆家生了一男一女，樂壞了蓮花，由於漂漂真的是一位惹人憐愛的好女孩，所以蓮花也就用心地一步一步慢慢教導她，從生活細節到如何持家帶小孩，並能夠獨當一面作為丈夫的後盾等，把她從躲在牆角哭泣的小女孩，一步步有信心地推上了成功的伸展台。

當婆婆告訴漂漂：「妳已為人母而且孩子都已經進小學了，今後所有的管教方法不用再來跟我商量，全部都可以照妳的意思來做主。」但是漂漂卻回答：「媽，妳把教得最出色的老公給了我，又把我教得這麼有信心，才能給孩子們當母親，世界上沒有誰比妳更會教孫子了，套句妳說過的話，世上沒有醜阿嬤只有懶阿嬤，所以妳是賴不掉的。」

不讓長輩的支援變成婚姻問題

生長在單親家庭，從小得不到父親或母親的愛的人似乎越來越多，因此漂漂也可以完全不領婆婆的情，而用她自己的方法來面對婚姻，只是這樣一來只會事倍功半，讓自己陷入更大的困境。有長輩的支持，路可以走得更遠更穩。

很多新世代的年輕人認為老一輩或上一代的看法都是落伍，或是沒有用的過去式，但是沒有過去那來現在？今日的你不就是明天的過去式嗎？而且不論是撫養還是管教子女的問題，對新生兒的父母而言，大部分的知識和資訊都是從書本和網路上搜尋而來的，往往是當了不少專家的白老鼠，而事後才發現原來是誤會一場。

難怪臺灣有句諺語「近廟欺神」，家裡有長輩在就像擁有一本活字典，為什麼不能用比較謙虛的態度向他們請教？有時候兩代教養大不同的問題不是出在觀念或是方法上，反而是在彼此的態度上。

我記得年輕的時候，有一次我母親到我住的地方渡假，她老人家可以說是對孫子們寵愛有加，只要孫子開口，沒有外婆辦不到的事。我那三個孩子也因為她的存在，每天都非常亢奮而變得越來越沒規矩，於是我私下跟母親提出抗議說：「媽，妳知道嗎？妳是來渡假的，妳當然可以天天都當好人，可是妳回去以後，我就不好管教了！」母親當場就回敬我說：「真是太好笑了，虧妳還是知識分子，難道妳不知道含飴弄孫是公嬤的義務，而管教子女才是你們父母親的責任嗎？」

只要想到在這個亂世中有多少的孤兒和難民無家可歸？而我們的下一代居然還可以擁有阿公阿嬤來關懷和管教，這是何等的幸福啊！

我有位忘年之交的女性朋友，她告訴我這一生她最大的遺憾就是她婆婆去世的前一天晚上，她們倆竟然為了嬰兒副食品的吃法而爭執不下，她強調，如果知道婆婆會走得這麼倉促的話，她絕對不會頂撞更不會與她爭辯，但可惜懊悔已晚。

千萬不要因為兩代管教上的歧見，而喪失溝通的機會，也不要因為別人的意見跟我們不同就太過情緒化。上一代毋須用權威來維護長輩的尊嚴，而下一代也不用為了證明自己才是對的而刻意挑釁。總之，都是一家人，各退一步，情感和關係都會更和諧。

媳婦眼中的「壞阿公阿嬤」是什麼樣子的？

晚輩最怕什麼樣的長輩？我想大概是「追著孩子給東西吃」、「總是在飯前餵孩子吃零食」、「過度保護孩子，限制孩子探索世界的能力」、「幫孩子打點好一切」等等，尤其是太愛黏孫子的公婆，總是讓媳婦們避之危恐不及。奉勸天下公婆：孫子小學以後再拍孫子的馬屁，他會永遠記得阿嬤的好。前面你幫他把屎把尿，他不記得的。所以如果你搞清楚你的角色，你就沒有那麼辛苦，你就會很快樂。

這個問題可以分為幾個不同層面來探討，如果單純以金錢價值觀的觀點來看，壞阿公阿嬤的角色可分為豪門、中產階級及貧寒的家庭背景。

豪門家庭的公婆

所謂烏鴉飛上枝頭變鳳凰，女性嫁進豪門最大的優勢就是從此改變了社會身分與地位，而且經濟上也能夠獲得了保障。想像中，似乎從此每天不但可以穿金戴銀，還有傭人司機伺候，不是今天飛巴黎，就是明天上東京買名牌包、看時尚秀，時時刻刻都陶醉在夢幻的幸福快樂中。但在現實的生活中，真的是如此嗎？多少的電影明星和名模們憧憬和嚮往，能夠洗盡鉛華投入豪門，結果真正得到婚姻幸福的又有幾人呢？

在典型的豪門婚姻生活裡面，最大的悲哀就是失去自我，如果和丈夫共築小家庭的話，妳還是會擔心慘遭背叛，因為有錢人家的少爺總是容易花心，這不僅是刻板印象，因為事實上金錢就是收買人性最有效的銀彈，漸漸地妳就會發覺：儘管臉蛋長得再漂亮，身材保持得再婀娜多姿，也不過是他情場老手上的戰利品之一。

相對的，如果妳是和公婆住在一起，妳情感的依歸也未必就有安全感，豪門講究的是門當戶對，也在乎親家彼此經濟力道上的互補與結合。因此，如果妳出身於小戶人家，硬擠進了豪門，除非妳能夠很快就給婆家生下個男丁，而且愈多愈好；如此一來不看僧面看佛面，就算丈夫在外面拈花惹草，因為妳已經在母以子貴的前提下確定了正宮地位，或許公婆會為妳出來伸張正義，但也都是表相罷了，光看古代宮廷劇裡面的鬥爭就可以理解一二了。

只要用錢可以解決的事情，對有錢人家的公婆來說，他們絕對不會為媳婦這種小角色而花太多的心力，何況三妻四妾原本就是豪門的特權，且同為女人的婆婆更早已見怪不怪了。

有錢人家靠的就是金錢累積上來的權勢，它們也是公婆用來打壓媳婦最有利的工具。因此**要在豪門中當一個好媳婦，最重要就是要先學會做一個沒有聲音的女人，得完全聽命於婆婆，侍奉婆婆直到對方滿意認可為止，然後才可能有媳婦熬成婆的機會。**因此對於豪門的媳婦而言，公婆利用權勢讓她活得沒有尊嚴、沒有自我，並失去自由也就罷了，但最令人傷感的莫過於媳婦很難教出稱心如意的兒女，因為道高一尺魔高一丈，豪門中的長輩也許教不出「青出於藍更勝於藍」的富二代，但絕對有影響力去操控富三代，恐怕這也是媳婦眼中的惡阿公跟阿嬤吧。

中產階級的公婆

至於中產階級媳婦眼中的惡公婆，大概是屬於狗眼看人低的公婆。有些公婆明明也是屬於井底蛙，卻阿Q的，硬把自己的那一口井當作是全世界，老是自恃長輩的身分，盡說些不營養的話，或做出醜態百出的動作。

中產階級在高不成低不就的情況下，最怕別人瞧不起，所以也就特別會端架子，但因為財富不夠雄厚，所以端的也是空架子，其中尤以知識分子的傲慢及商人的現實最令人詬病。

窮苦人家的公婆

如果媳婦嫁進了貧寒的家庭，由於經濟困難的情況下，總是應驗了貧賤夫妻百事哀的情境。根本沒有太多的精力和時間可以浪費，所以最辛苦的大概就是媳婦要為婆家一輩子做牛做馬。

即使如此，也不是每一位公婆都會對媳婦表示感恩，反而有些性情偏激的公婆在生活遇到低潮的時候，還會責怪和牽拖，認為是媳婦帶給婆家霉運，而繼續找媳婦的碴。甚至有些公婆會因為自卑感作祟，自尊心特別強，刻意找理由不讓媳婦回娘家，也不准自己的兒子經常陪媳婦回娘家。

除了金錢的價值觀以外，當然也會牽涉到宗教信仰、政治立場還有個性的問題，因此惡公婆和惡阿公阿嬤都是沒有統一的標準，也沒有一定的模式。

當你成為別人家女兒的公婆，也要會「做人」。我最喜歡一再用這個故事來分享，同時提醒自己「山外有山，人外有人」，千萬別自以為是或瞧不起別人。

富貴人家吃鮹魚

話說有個暴發戶的員外，他附庸風雅，學會了品嚐有季節性又得來不易的鮹魚。

有一天，他興沖沖從市場買了一條新鮮的鰣魚回來，馬上叫媳婦下廚房烹調。

等到媳婦端上蒸熟的鰣魚時，公公員外的臉龐馬上出現了三條線，他不但愣住了也懊惱了，尤其鰣魚最值錢的地方就在它的魚鱗，具有大量膠原蛋白，是有錢人家拿來滋補養生的好食材。

沒想到媳婦竟然把整個魚鱗給刮掉了，當下他可真想把媳婦痛罵一頓，但馬上轉念，因為這個媳婦是出身翰林的名門貴族，豈能得罪，只好隱忍下來嘆了口氣，自言自語地道：「難怪人家會說，要富貴三代方知飲食呀。」媳婦二話不說，轉身回廚房又端出了一盅煲湯，放在公公的面前，起先員外不以為然，後來勉強探頭一看才恍然大悟，原來真正的富貴人家對鰣魚的吃法是那麼地講究。

因為鰣魚長相扁薄，首先得把兩面的魚鱗去掉，再把整條的魚身用豬油網給裹著，避免蒸的時候肉質和甜分會流失。至於營養價值最高的鱗片則用針線一片片的串起來，再加洋參下去熬煮成湯。媳婦退下前微笑地跟公公丟下一句：「我也聽說，要富貴三代半方知飲食全。」

一知半解和不甘寂寞的公婆除了最喜歡當意見領袖外，什麼事情也都喜歡湊熱鬧地參一咖，而且什麼觀點都有他自以為是的獨到看法。其實他的觀點已經落伍或過時了，但仍沾沾自喜。

望孫成龍的公婆

多茵（化名）的公公是從銀行退休，而婆婆則是從公務體系退休，他們兩人都認為自己對孫子未來的前途規劃會比兒子和媳婦更有前瞻性。儘管媳婦告訴公婆，她的小孩子在高中時已經做過性向測驗，發覺他不適合出國念博士或做學術研究的工作，反而適合在國內建教合作的專科學校中接受培養，成為專業的工程技術人員。

媳婦的想法令公婆十分震驚，公婆認為他們的退休金裡面有一部分的儲蓄早就規劃給孫子的未來，希望能夠讓孫子到國外攻讀博士，好回來光宗耀祖。沒想到兒媳婦竟然如此沒出息，居然打算讓他們的寶貝孫子去當工人。

公婆緊張到下了一個決定，絕對不能夠讓孫子再和媳婦住在一起，免得孫子一直被洗腦。於是兩老提出一個建議，不是他們搬來跟媳婦一起住，就是媳婦必須讓孫子跟他們住。媳婦碰到這種有理講不清的公婆，雖然心裡反感也只能認了，於是拿丈夫當擋箭牌，不希望公婆搬來住。幸好因為孫子本來就跟阿公阿嬤的互動滿親密的，所以搬過去跟兩老住一點問題也沒有。

只是住沒多久，孫子又搬回來跟自己的父母親住。到底發生了什麼事？原來是多茵婆家的女婿被美國太空總署裁員而打算回來臺灣發展，需要先借住在岳父母家。

反而是在女兒和女婿的勸說下，要老人家莫再抱著「萬般皆下品，唯有讀書高」的錯誤觀念，而是要相信行行均能出狀元。

公公婆婆發現當博士的女婿也會面臨失業，又何必堅持花大把金錢把孫子送出國？從此也就打消了這個念頭。

附錄

特別諮商室

黃越綏開示Q&A

黃老師，您好！

想請教您幾個問題，我和先生結婚五年，有兩個孩子，婚前老公就有點小氣，雖然也有大方的時候，但出去都是各付各的，婚後第一次爭吵點是因為，結婚不到一個月，婆婆就不高興說我沒做家事，但我不是沒做，只是沒有在她的面前做而已，這些都還可以忍耐。

第一個孩子出生，取名字她表示要自己取，但是她取的我都不喜歡，我就請人算小孩的名字，她竟然一臉不屑地看一眼而已就說她不喜歡，我也生氣地說那就不要報戶口了，是老公出面打圓場，這件事才算了。

小孩漸漸長大頭髮長了，也不准我帶孩子去剪頭髮，剪了頭髮回來，連續一星期都不帶孩子，我只好請假自己帶，直到有次和老公發生爭執，老公動手打了我，事後還聽到老公和婆婆說是妳叫我教訓她的，而且是在恥笑的感覺，當下真的心涼了，雖然事後老公有和我道歉，並說下次不會犯了，但這件事情真的一直記在我的心上。

後來婆婆生病住院，出院回家後就叫人幫她做東做西的。因為她開刀，我已經請假好幾天帶小孩了，她第一次回診時叫我請假，我說已經請太多不能再請了，她很生氣地說我在干涉她去看醫生，我說請老公請假，她說我在干擾老公上班，這次的爭執讓我們搬出來了。

但事情沒完，老公開始該出的費用不出，連小孩都可以不要，只要我不會跟他要生活費，小孩他可以讓出，但是現實考量我得繼續和他生活，我才有能力照顧孩子，面對這樣的婆婆及老公我該怎麼做？

A

很多夫妻和婆媳的人際關係都是因為小不忍亂大謀，從妳的來信中可以看到妳和婆婆的積怨都是從小事情開始，而且缺乏有效的溝通能力和彼此提供一個友善的環境。

像給小孩子取名字本來是為人父母的權利，但是婆婆硬要做主，偏偏她選的名字妳又不喜歡，因此妳就瞞著她去找算命的，難怪妳婆婆會認為難道祖母會比算命的差嗎？而且嬰兒剪不剪頭髮也不是什麼大不了的事，如果妳能試著用撒嬌的口吻跟她溝通，也許她就不會那麼生氣，更不會教唆丈夫教訓妳。家有一老如獲一寶，大部分指的是婆婆，如果能夠試著用不同方式和婆婆溝通，改善和婆婆的關係，我想對妳孩子照顧和丈夫的感情應該也會有改善。

Q

❶ 先生來信：

敬愛的黃老師，您好！

我是老師的粉絲，現在婚姻中遇到一些狀況想請教黃老師。

我的觀念是我既然成家了，就有責任及義務要維持兩家的協調及磨合。原本想法很簡單，但是做起來很辛苦。一段婚姻要能長久必須要兩個家庭互相尊重。我發現這很難達到。以下是我目前遇到的一件實際例子：

我與太太是登記結婚，但是有照傳統古禮進行，由於太太家對於禮俗較不清楚，所以家母便帶岳母到禮俗公司去準備物品。為了表示尊重，家母有帶我太太去挑飾品，依照我太太喜歡為主，但太太家表示她們沒有相關習俗，所以並未準備要給女婿的飾品。家母為了顧及太太家的面子，拿出外婆給父親的女婿飾品，讓她們為我戴上。這件事讓我父母親耿耿於懷，感覺對方並不尊重我們。

為了不讓老師花太多時間閱讀，我就只提一個例子讓老師參考。我覺得我尊重雙方的想法並盡力去做協調。我太太因為剛生完小孩，我怕她情緒上無法承受太多，所以我盡量自己承受，我覺得我遇到很大的瓶頸及壓力，想要找人哭訴也沒有對象，想請教老師有沒有什麼方法能幫助我。我覺得我快承受不了這些壓力，感謝老師的協助！

❷ 妻子來信：

黃老師，您好！

我無意中知道我先生有傳訊息給您，希望老師您能幫助他，給他一些建議。雖然我想減輕他的壓力，但是我做不到。我只要看到他媽媽就會有莫名的壓力跟焦慮。除了一堆的規矩外，婆婆對我孩子過度的熱情。孩子哭硬要抱，孩子睡也要跟她說話，試圖吵醒她，孩子要喝奶她也會想搶餵。我可以理解長輩對孩子的喜愛，但過度的動作就會讓我不舒服。

我知道我先生想搬回家住，但我公婆沒有準備新房，對我來說，如果搬回去住還要花錢整理一個房間，那我寧可住娘家，反正兩家距離也才十五分鐘的車程而已。

先生家是個權威家庭，跟我家隨興的風格完全不同，生了孩子後，他們的古禮跟規矩讓我有產後憂鬱跟一些心裡的疙瘩。但我希望老師能救我先生。因為他只能往肚子裡吞，我想您是他唯一會吐心事的人，他不曾向誰表現出軟弱，所以我希望老師您能給他一些建議跟動力。我也會盡量努力做一些改變，謝謝老師，拜託了！

A

恭喜你們兩位均有家庭觀念，且孝順地在乎原生家長們的感受。

你們雖已結婚了，卻因婚前彼此沒有做好與家人的溝通而導致因文定禮數讓夫家心生芥蒂，婚後又沒有進一步作角色扮演與環境的調適，加上妻子又懷孕了，於是既是兒子又是丈夫的就難為了。他必須承擔來自原生家庭、岳家、妻子等各方高壓下的夾心三明治。

妻子雖表不捨，卻不一起省視問題之癥結或主動伸出援手共同解決困境，反而因不滿婆婆及挾天子以令諸侯（有孕）的心態，當起也是給丈夫施壓的旁觀者，而不自覺。

婚姻是戀愛的勝利品，懷孕是愛情的結晶，既然彼此為愛結合而組成了家庭，那麼如何用感恩的心（多少人找不到中意的對象結婚而結婚或不能生育等）彼此攜手邁向白首偕老，就變成終生的志業。

人生而平等本無階級之分，但社會角色的扮演卻各有身分；女兒和媳婦雖然同是女人但身分不同，因此婚後適性角色的扮演就必須要帶著謙卑的態度，努力的學習，享受成果的快樂，作為身教的典範。丈夫可以和岳家和樂共存，妻子也不應找藉口逃避而不甘心融入夫家，公婆沒有血緣，但日久生情他們就是家人。

愛丈夫不用刻意為夫家犧牲奉獻，但至少可以做到愛屋及烏並與婆婆拉近距離，良性互動，面對問題並解決困擾。不要讓丈夫老陷入母親與妻子的是非中當裁判，這種吃力不討好的生活只會影響到他的情緒、健康和耐性，他已在努力了，難道妳就可以理直氣壯而袖手旁觀？而這也是愛他的回饋？加油並祝福！

Q

黃老師，您好！

經常看到您在節目上分享許多獨到的見解，深感您是一位富有智慧的長輩，因此非常希望您能給予我們一些意見。

我男朋友父母離異多年，母親是一位控制慾極強的人，許多事情都強迫我男朋友必須照著她的話去做，且經常提出許多無理要求，例如：在我男朋友的房間跟車子裡裝設監視器，看看他是否認真進修，如有不從就會發怒，把整個家弄得吵吵鬧鬧，亂摔我男朋友房間所有的物品，而且什麼難聽又傷人的話都說得出口，像是以後她死了也不需要他去拜這種想也知道不能亂說的話。還有就是不斷地講她這麼拚死拚活養這個家為的是什麼？兄弟倆都不尊重她也不懂她的辛苦，打拚成這樣讓她感到很不值。

說實話，我男朋友對於他母親的辛勞都看在眼裡，所以自大學開始就沒再跟家裡拿錢，因為他知道家中經濟的壓力，所以只要有任何打工的機會他都不會放過，而且家中大小事也都是他在處理，因為他母親也永遠只會叫他去做。這樣的一個人真有那麼不堪嗎？就只因為不想再被控制就要背上這種不實的指控。況且他已經快三十歲，目前的工作也很穩定、順利，對於自己的工作跟生涯規劃也有自己的想法，但他媽媽卻一直硬逼他必須遵從，不然就是不斷上演天翻地覆的情況。

大部分的爭執都來自於她強迫我男朋友去學其他領域的知識或技能，好為他母親以後要他去做的工作鋪路，因為她一直認為現在要在臺灣賺錢非常困難，所以一定要有自己的事業才行。例如：他母親對開滷味攤很有興趣，所以就逼迫他要去學做滷味、或是她想開一間運動用品店給自己的小兒子經營，如果之後步上軌道就要把我男朋友叫回去幫忙，所以一直逼迫他要看商業周刊，還規定要考試，以確認他有閱讀。但說實話，我男朋友現在從事的工作，他覺得做得很有心得、待遇也不錯，而且主管有意把他外派到國外工作，因此他不想被自己的母親綁住，何況是逼迫他要去做他根本不想做的事。

但如果角色換成我男朋友的弟弟，他母親從來就不會強逼他的小兒子，而且，他弟弟對待他母親的態度時常非常惡劣，對家裡的任何事情也從沒盡過一份心力，而他母親永遠都是好聲好氣地在跟他弟弟說話，也不會去跟他計較任何事情。也許是因為他弟弟曾經發生車禍，所以完全對他弟弟百依百順、過分溺愛、遭遇惡劣對待也是敢怒不敢言，但她自己在小兒子那裡受到的氣卻經常轉而發洩在我男朋友身上。

由於我跟他母親很熟識，而且關係一直不錯，因此在前些日子裡，我長期扮演著他們中間溝通的角色，因為他母親常常跟我訴苦要我評理，或是要我幫忙傳話。我希望能夠化解他們之間的誤會與憎恨，但我男朋友卻早已放棄與她溝通，因為他認為她完全無法溝通，所以他一直希望我不要去做這些無謂的事情。而長期以來，他母親不僅沒意識到自己的問題，反而只是一味地批評她的大兒子、不然就是說她有多命苦多委屈，辛苦賺錢就只是要給兒子們創業、還有就是說她是用心良苦，都是為了我男朋友好才對他這麼嚴厲等諸如此類的話，而這些話她已對我講了不下數百次，整套流程每次都要一、兩個小時才會說完。

這個角色當了這麼久也當得很累，我突然意識到自己是多麼地愚昧。今天他母親又因為其他事情而遷怒他，所以他們又吵起來了，因為必須顧及到她的顏面，所以我好不容易鼓起勇氣，態度良好且非常委婉地跟她說明，但她只是一味地否認，然後又是搬出那套早已講了好幾百次的說詞。她認為我什麼都不懂才會這樣說，而這也是她的壞習慣，永遠都只會否定別人，連普通聊天也是如此，弄得我現在跟她聊天都覺得好害怕。說實話，我不認為自己真的什麼都不瞭解，所以才會不斷地利用平常她在跟我聊天或抱怨的時候，深思熟慮的利用談話技巧來丟出一些信息給她，希望她能有所發現，但這對我來說簡直是奢求。經過今天的事件，我為我之前做的努力感到後悔，畢竟從頭到尾我都只是個外人卻多管閒事，所以再也不會多說什麼，對於他母親的抱怨也不想再理會，更何況是她又要找我做傳話這種工作。

只要能夠做到，我男朋友都會盡力配合，而且逢年過節都會買禮物或蛋糕慰勞他母親的辛勞，可是她卻永遠沒看在眼裡。我們其實都知道問題是出自於她身上，無法尊重小孩的意願，而且也長期拒絕溝通，因為她永遠都認為自己是對的。我們早已不奢望她會有所改變，因為她已經五十幾歲，會改早就改了。所以我想請問的是，我這個角色除了當個局外人之外，還能再做些什麼？而我男朋友又應該要怎麼做才好？雖然之前的努力都讓我們覺得白費，但放任家庭關係如此惡劣下去也不是辦法。

很不好意思我的故事有點長，但是真的非常希望黃老師您的幫忙，在此先跟您說聲謝謝，實在感激不盡！

A

謝謝妳傳來的訊息，我的看法如下僅供參考。

❶ 首先恭喜妳在整個故事中扮演了很好的角色，母子有血緣關係而婆媳則是愛屋及烏而已，因此不直接介入而只客觀的負責聆聽、安慰和鼓勵的支持和伸援。

❷ 既然公司有意栽培男友出國深造，或許這會給他母親一個「懷念總是在離別後」的反思機會，因為父母對子女偏心下常會犯了「善馬被人欺」而不自覺。

❸ 不少的單親媽媽比較沒有安全感，因此掌控慾也比較強，她希望子女多學多聞

多努力，也是出於為了將來能夠適應各種環境的良意，只是太主觀反忽略兒子的志向和興趣。

孝順仍是人類最好的美德，加油並祝福！

Q

黃老師，您好！

我以前跟婆婆關係一直都很好，直到小孩出生後，整個育兒觀念大不同，容易口角爭執，有試著溝通或請教過醫師，也是沒有改善……。還有婆婆照顧孫子耐心度問題，例如：我婆婆很愛玩手機打麻將，都把小孩丟一旁不管，口口聲聲說她很會照顧，可是就是覺得她不夠有耐心，那要怎麼照顧孩子呢？溝通也無效，請問我該怎麼再繼續溝通下去？

A

針對妳的問題，以下幾個意見供妳參考：

❶如果婆婆愛打麻將可以帶大她兒子成為妳的丈夫，那就不用擔心她無法帶孩子，而且丟在一旁，只要孩子不哭不鬧又何妨？

❷如果不信任就自己帶，婆婆並沒有代母職的義務。

❸否則就另請保母，但會更安全嗎？經濟能負擔嗎？

❹一定要心存感激，婆婆非代工或傭人，若非因血緣關係，她大可不予理會。恢復婆媳良好關係是減少夫妻摩擦的重要因素，加油！

Q

黃老師，您好！

我非常非常討厭我婆婆，不知道該怎麼辦，我完全都不想再見到她，我先生家裡是在做商業冰箱的維修，公婆就是他的老闆，每天給他二千五百元的薪水，一個月平均五萬多元，我是在一般的公司上班，薪水一個月約三萬元，公婆感情不好時常吵架，但是對於先生的錢卻是非常砲口一致非常計較，然後他只會跟我說，他沒想到他爸媽會這麼跟他計較錢。婆婆是發薪水的人，但她計較的程度讓我真的很討厭她，有時候真的很想乾脆離婚，就可以不要再看見這個人。還沒結婚時，我因為流產，他姊姊跟他媽媽說流產很傷身體，要他媽拿三千元給我買滴雞精喝，結果他媽媽跑來跟我說，妳有需要嗎？我看妳應該不需要啦！結婚時，我爸爸一毛聘金也沒拿，只拿餅錢八萬塊，她叫我們不要訂小紅帽，因為太貴了，我心裡想問關妳什麼事啊，都說了多不退少不補，究竟與妳何干。她也跟我說過，要我先生回家賺錢存錢會比較快（因為沒結婚時，先生與公公吵架，在外面工作），以後養小孩我通通不用煩惱，結果卻是開一張大的空頭支票，店裡只有先生在跑維修，婆婆有空幫忙接電話，但是錢卻是被他們收走。我兒子七個月時有一次拉肚子拉不停，我們早上急著帶他去看醫生，我記得回家才十點四十分，她這樣就扣了半天的薪水，我才知道她如此不厚道。颱風天也是打來硬要先生去工作，我跟他說不要出去太危險，被招牌打到怎麼辦，結果我婆婆說招牌掉下來你不會閃嗎？我先生硬是不出門，她便生氣地掛了電話，婆婆也要我把政府給我兒子的補助金拿出來，一個月不過才二千五百元，他們家根本不缺這個錢，公婆還有每個月六萬的房租可收，我把政府的補助存起來當孩子的教育基金，錯了嗎？她為什麼要這樣？現在，第二個孩子明年一月要出生了，我們有房貸、兩個孩子的保母費、自己家裡的開銷，因為當初跟先生說好，我是單親家庭，所以我想結婚後繼續給爸爸錢，但是我婆婆卻說先生薪水不夠用，那就要我拿出錢來，問題是我先生一個禮拜就可以賺二萬五至三元萬不等的錢，那些錢都是辛苦錢，是先生一個人賺的，但卻拿不到，我到底應該怎麼辦？

A

妳好！人與人之間的關係都是相互的，當妳很討厭看到妳婆婆，相信妳婆婆也不一定樂見妳的存在。

既然公婆就是妳先生的上司，而且供吃供住，平均五萬五的薪水待遇也不算很差，因此建議妳不妨轉換一下心情來看待這件事，妳公婆想必是白手起家，因此對妳先生的嚴格督促是為了要培訓他能夠獨立自主，並體會賺錢的辛苦，所謂創業難守成更難，到最後公婆他們的財產還不是都會留給你們。

妳自己在公司上班，只要請假一定會被扣薪水，但妳會覺得這是合理的制度，可是換成公婆的關係，妳就認為是不夠厚道，說穿了就是妳還無法理解如何周旋在公婆與丈夫親人之間，也不會應對家族事業中的人際「眉角」，因此還把自己當外人，只會埋怨和計較。

不妨改變一下自己的心態，把公婆當作是土地公跟財神爺，好好地侍奉他們，而最後獲得全贏的將是妳自己，至於要給妳娘家的父親多少錢是由妳自己可以支配的，不用再跟公婆的關係扯在一起。加油並祝福！

Q

黃老師，您好！

婚前父親對我說，酒鬼、賭鬼、色鬼不能嫁，還有，他最忌諱的就是孤兒寡母。很不巧，我的結婚對象，就是孤兒寡母。父親說過寡母最難伺候，十個寡婦九個變態，尤其是很年輕就守寡的。打從婚宴那一天，我就有心理準備婚後的生活不會太好過。但沒想到比我所想的還要慘，老公在寡母的過度保護下，只是一個唯母命是從的大孩子，就算對寡母偶有不滿，也只在背地裡發牢騷，在寡母面前大氣都不敢喘一下。我在婆家一點身分地位也沒有，要煮一大家子的三餐、做盡家事，卻比一個菲傭還不如。至少菲傭還有薪水可領，我卻身無分文，連買件內衣褲還得看婆婆的臉色。那個無用的老公不提也罷。還有，一天二十四小時一點隱私也沒有，就算老公不在家睡覺也不許關房門，因為同住的還有婆婆和前夫生的大伯、五個大姑（其中還有三個離過婚還帶了孩子）。我的房間儼然成了眾人的遊樂場。他們好像見不得我好似的，在家還得和老公保持距離，跟這些人一起生活真的很痛苦。幸好我的重心是孩子，我想帶著孩子離開，不想孩子在這種環境下長大。「婚姻」兩個字的意義能告訴我是什麼嗎？

A

您好，不是每個寡母都是變態，由於令尊給您先入為主的刻板觀念，因此造成您心理上某種程度的害怕。婆媳相處本來就不易，何況夫家是個大家庭，人多嘴雜更易造成是非，難得您有不入虎穴焉得虎子的決心，表示愛情的力量足以突破一切障礙。現實環境中，您所遭遇的不公平對待，在於夫家上下認為您所有的奉獻都是理所當然所致，不妨想想您有多久沒休假出去好好玩一下了，不妨邀丈夫來個二度蜜月，如果他不願意，您不妨偷得浮生半日閒，蹺家幾天，讓他們發現您存在的價值，也讓壓抑心情得到紓解。結婚的意義在於男女成年人對彼此共同生活的權利與義務的承諾，也是承先啟後的社會責任，您所做的一切兒女都會記住的，加油！

Q

黃老師，多年以來，我的朋友都笑我是單親媽媽。老公的工作不定，錢賺多、賺少都沒個打算而且都自己花費，有時會以房貸為理由，不給我生活費。有時我外出上班，常引起夫妻爭執。後來我退讓，以為自己太好強，但因生活不易，只好在家兼職賺一點點錢，貼補家用和孩子的學費。後來他有了外遇，房子也被拍賣，我仍努力工作持守這個家，沒離婚。我們決定從頭來過，他說要回鄉下住，為了孩子我只好答應陪他回去。結果他在公家機關當雇員，薪水很少，我只好又在家中兼職，當然婆婆不會給我好臉色看，儘管公公力挺一切，我總覺得靠老人家不好。現在的我找到一份不錯的工作，只是每天要通車來回兩小時。回家要處理的家事，不光是孩子，還有一大家子的碗，以及衣服要洗。家事做完才能吃飯，一切只好忍下來。請問老師，這就叫做懂事？就算是識大體嗎？

A

您好，「人比人氣死人」，幸虧妳還有位公公力挺，否則想來妳的日子會更難過，每天通車來回兩個小時固然辛苦，但用另一角度，也是妳可以最自由自在讓自己思考沉澱的空間不是？家事方面，孩子大了就應分擔，丈夫也不例外。忍耐是種考驗，而經得起磨練的考驗，則是讓自己更有發展的潛能。既不想離婚，就得為這段雖不滿意但總是自己選擇的結果做驗收的工程，也因為一路走來妳真心的付出，終究會博得掌聲的，加油！至於婆婆的臉色不要太介意，想保有最後權威的尊嚴經常是紙老虎，多些寬恕、多點包容、多加些幽默，再多來些自我解嘲，妳就會發現日子雖難過，但心態調整好，日子照樣可以過。

Q

黃老師，同樣是一個家，女兒可以天天去逛街，而媳婦出去一個小時，公婆就擺一張臭臉。女兒假日可以和朋友出去玩、去環島個三天二夜；兒子帶媳婦、孫子出去玩就不高興。說什麼以前她們帶小孩時，從沒帶小孩出去過，從來不曾關過店門（其實相片可以做證明，說沒出過門都是騙人的）。女兒晚上可以去茶藝館坐到三更半夜；這下若換成是媳婦的話就該天打雷劈了，女兒可以在大家都忙碌時去睡覺；媳婦呢？女兒可以一到家就有熱騰騰的飯菜吃；媳婦就該滿身大汗跟廚房的油煙大戰三百回合。女兒和媳婦就差這麼多，真的是不一樣嗎？

A

女兒是自己生的，媳婦是別家的女兒，當然是不一樣，其實有很多婆婆的抱怨或擺臉色是另類的撒嬌跟賭氣行為，媳婦不用太介意，老人家的未來再冠冕堂皇仍是灰暗多於陽光，生病、死亡離他們愈來愈近，不安全感以及權力被剝奪感也會與日俱增，因此不要太去計較，甚至給對方多些溫暖和諂媚，也許妳就會發現，原來「偉人談思想，凡人談事，俗人談人」是有道理的，讓我們至少當個凡人而非俗人好嗎？共勉之。

Q

我和先生結婚剛滿一年，和公婆並非住一屋簷下，卻因公公的一場車禍意外，讓我妥協搬回家同公婆住。我開始感到莫名的壓力，愈來愈不喜歡待在婆家，老公上班後，我就回公寓去，真的不喜歡自己一人待在婆家，公婆婚後待我還不錯，可是我就是無法忍受一起住的壓力，覺得自己好像時時刻刻都在他們的掌控中，只要公婆在家裡……我就不由自主地緊張、心情不好，甚至大小聲，我是不是有病啊？我應該怎麼做才能讓自己不會煩惱呢？

A

戀愛的浪漫是架構在每個女性嚮往的夢幻世界裡，一旦結了婚，才發現原來自己是夢魘中的常客，這樣說是有點誇張，但對絕大多數女性而言，結婚後與公婆住在一起是種「移花接木」，必須重新適應的生活形態，如果調適不好，不但會影響到婆媳關係，間接也會影響到自己與配偶的關係。「愛屋及烏」幾乎是所有姻親關係中的動機，妳不一定要愛公婆如同愛自己之父母，但妳可以用尊重他們是丈夫父母親的角色來對待，妳毋須刻意為了要討他們喜歡或者怕被批評，而給自己不必要的壓力，主動、積極、開朗和包容幾乎是所有成功人際關係具備的要素，有一天妳也將會變成別人的婆婆，現在正是妳開始用同理心去體會和學習的機會，丈夫會因此對妳而加注更多感激的愛與尊敬，加油！敞開心房，煩惱將自動飛去。

黃越綏作品集 01

婆媳學問大
黃越綏解答世代婆媳問題

作　　者一黃越綏
發 行 人一王春申
總 編 輯一林碧琪
責任編輯一張召儀
校　　對一趙蓓芬
美術設計一李涵硯

行　　銷一劉艾琳・孫若屏
業務組長一王建棠
出版發行一臺灣商務印書館股份有限公司
23141 新北市新店區民權路 108-3 號 5 樓（同門市地址）
電話：(02)8667-3712　傳真：(02)8667-3709
讀者服務專線：0800056196
郵撥：0000165-1
E-mail：ecptw@cptw.com.tw
網路書店網址：www.cptw.com.tw
Facebook：facebook.com.tw/ecptw

局版北市業字第 993 號
初版 10.3 刷：2024 年 9 月
印刷：沈氏藝術印刷股份有限公司
定價：新台幣 300 元
法律顧問一何一芃律師事務所

婆媳學問大：黃越綏解答世代婆媳問題 / 黃越綏著. -- 初版. -- 新北市： 臺灣商務, 2018.05
面； 公分

ISBN 978-957-05-3140-4(平裝)

1. 婆媳關係 2. 家庭溝通

193.7 107005836